投資で利益を出している人たちが
大事にしている45の教え

為什麼他投資一直賺大錢？

全球金融學校的散戶獲利方程式

市川雄一郎——編著
全球金融學校——編
沈俊傑——譯

推薦序

趁早學習正確觀念，小額投資也能成就巨大財富

ameryu／「A大的理財心得分享」版主

金錢，理應為了人們的幸福而使用，我想這是作者在本書想要傳遞的理念之一。為了可以過上富裕且幸福的人生，投資就是必要的手段之一，A大也很認同這一點。光是存死錢而不投資，財富有可能會被逐年增加的通膨吃掉。

這本書最大的優點就是以金句為標題，好讓讀者可以逐步理解投資的基本觀念。單是看目錄就能概略地知道這是一本相當扎實的投資觀念書，例如在〈心法4〉與〈心法5〉，作者提到，自己的錢，靠自己的知識保護；世上絕不存在能持續輕鬆賺錢的方法，沒有人一輩子都能輕鬆賺錢。

再看到〈心法30〉，想偷懶的人也可以選擇被動式的「指數化投資」，因

爲它就是屬於放著不管也能增加資產的被動投資，適合不想耗費時間在投資上的懶人。

事實上，就A大的觀察，至少有兩類人適合「指數化投資」：第一種是如書中所描述的，覺得蒐集資料、分析股票這些事情很麻煩，每天還要盯盤很累，覺得判斷買賣時機很難的投資人；第二種是不會分析個股，買股票是憑感覺，結果常常買什麼賠什麼的投資人，那乾脆就不要選股了，直接以定期定額的方式，買進市值型或市場型的ETF。

然而，還有一類則是最辛苦的，就是忙到連三餐都沒辦法正常吃的大忙人。A大會建議好好研究書上提到「指數」的篇章，如果你現在只有看完這篇推薦序的時間，那就先記得這句話：**「指數化投資」就是放著不管也能增加資產的被動投資，大前提是要長期且定期投資**。

如果忙到這樣，往往也會忘了要投資自己。〈心法19〉也提醒，投資自己是永不虧損的投資，最能幫你賺錢的投資對象，永遠是你自己。把這本書買回去，每一、兩天看完一則心法就好，就算是龜速閱讀也沒關係。吸收過後的知識，沒有人可以偷走，而你自己才是價值破億的資產。當你的知識厚度隨著年齡增加，口袋的深度也會隨著投資年資而增加。

書中比較特別的地方，還有〈心法26〉提到「根據年齡計算資產分配比例」。跟一般的「百齡法」（一〇〇－目前年齡）算法不同，作者提出用「一二〇－目前年齡」來計算收益性商品的占比。

以A大目前四十歲來說，轉譯成股債配置的話，大約八十比二十。說實話，這配置依然沒有標準答案，但A大比較能接受這樣的算法。因爲如此一來，A大就不用在理財講座上說自己很不要臉，想當永遠的二十歲，所以低風險資產只會搭配二〇%。

書中提出一個更能反映目前情況的計算基準，然而其核心概念仍在於，尋找不會對自己造成負擔的資產配置方式。只要你的配置會賺錢，大可一直沿用就好。

最後，A大跟本書作者一樣，都希望讓各位讀者知道，「投資獲利」是所有投資人的最大目的，不會有人想在投資市場賠錢出場，而這個時代是你可以從小額資金開始，逐月投資累積，最後創造出一筆大額資產，讓你足以應付退休生活。

千萬別因爲年紀經、沒什麼本錢就放棄投資，在投資累積財富的路上，「年輕就是本錢」，因爲可以承受較長時間的市場波動與景氣循環。只要你願意趁早學習正確的投資觀念，做出正確的投資，把錢依序放到正確的位置，小額投資也能成就巨大財富。

前言 投資是為了豐富人生

投資獲利確實有方法

「那些投資股票和不動產賺大錢的人，是怎麼辦到的？」

相信投資新手或準備開始投資的朋友心中都有這個單純的疑問。其實不只是新手，即便是投資經歷數十年的老手或基金經理人等專業投資人，也永遠都在思考這個問題。因為「投資獲利」是所有人投資的最大目的。

先說結論，投資獲利確實有方法！而且是有法則可依循的。只要了解法則，也就是投資的勝利方程式，任何人都有辦法獲利。實際上也有許多平凡散戶掌握了這些法則，懂得將眼光放長、放遠，持之以恆，最後扎扎實實獲利。

投資絕非樂透或賽馬之類的賭博行為。兩者差在哪裡？簡單來說，就差在有無「再現性」。比方說，有人樂透中了五億日元，你不可能下一期學他到同一家彩券行買同樣張數的彩券，並期待同樣成爲五億日元得主。理由很簡單，因爲那個人只是碰巧中了大獎，而碰巧的結果根本無從複製。

但投資不一樣，我們只要重複過去的成功方法，就能像之前一樣獲利。法則的意義就在於擁有這種再現性。

這並不意味著要模仿他人的做法，我們必須先理解資本主義和經濟活動的基本運作機制，了解各種金融商品的性質、實際交易情形，學習如何分析、挑選投資的商品和標的。只要養成「習慣」，持之以恆，投資獲利並不難，我在之後的內容也會不斷提醒各位這一點。

在構思符合自己人生規畫的投資計畫之前

本書旨在將這個「投資的勝利方程式」告訴各位一般散戶，包含第一次嘗試投資的人。我將投資的重要概念整理成「四十五個心法」，並盡量寫得深入淺出，以期初入投資界的朋友更容易吸收。

以往市面上的投資書籍，內容大多偏向「解析經濟和交易機制」和「分享個人投資方法與成功經驗」這兩類。但就我個人來看，前者不免流於教條，稍嫌晦澀；後者雖然有趣，卻缺乏普遍性。言下之意，這些書大多不適合作爲投資參考書閱讀。

本書將從有別於以往的角度切入，將目標受眾鎖定在散戶，並且設身處地陪伴讀者思考，在自己的人生規畫中，是爲了什麼目的而投資、運用資產，應抱持什麼樣的心態，選擇什麼樣的金融商品與標的。相信各位讀了本書也能掌握不同於其他書籍的知識和想法，有效學習投資獲利的重點，防範嚴重失誤。

讀者們只要按部就班閱讀這四十五個心法，肯定能理解投資的意義，掌握投資的要領。當各位看完這本書，也一定有能力擬定符合自己人生規畫的投資計畫。

這個時代對業餘散戶更加有利！

至今仍有不少人對投資抱有誤解和成見，擺脫不了「投資可以輕鬆賺錢」的印象，但這個想法是不對的。

細節我們留到後文再談，總之，投資和勞動的道理相同。公司發給你的薪水，是你花體力、時間，努力工作換來的，換句話說，你是用自己的身體和時間，投資公司的事業並賺取利益。

這是資本主義的基本運作機制，而投資同樣憑藉這一套機制在運作。只是投資股票時，你提供給公司的是金錢，而不是自己的身體和時間。所以投資股票所賺取的利益，是你的錢工作的成果，是正正當當的收益。

話雖如此，我們還是得思索一件事。假設公司提供的產品或服務無法抓住顧客的心，營業額無法成長，自然也就沒有利益可言，最慘的情況甚至還會倒閉。屆時就算你工作再努力，也拿不到應得的薪水。

投資也是一樣。假設你買了股票，提供你寶貴的金錢給一家公司作爲營運資金，公司卻無法供應顧客喜歡的商品，事業內容對社會無所貢獻，公司的營業額一樣會逐漸衰退，甚至倒閉。若演變至此，你買的股票也將淪爲毫無價值的紙片。這是投資股票最大的風險。

怎樣才能避免這種狀況？只能拚命學習，吸收知識，蒐集並分析資訊，選擇良好標的（企業）再進行投資。這全看你付出多少努力。

社會科技化的腳步持續加快，資訊不對等的情況已逐漸消弭，業餘散戶也可能獲得和專業投資人同等的資訊。而且現在投資的手續費已大幅降低，只要有心，散戶也能跟專家分庭抗禮。我認爲接下來的時代，業餘散戶甚至會比專家更具優勢。原因後文會再詳述，總之，我希望各位讀者明白，如今是一個你可以從小額開始投資，最後創造龐大資產的時代。

每個人都想過上富裕且幸福的人生，而投資是爲此的必要手段之一。金錢要使用才有價值，我希望各位讀者也能透過投資增加財富，過上富足的人生，這也是我寄託在這本書上最眞切的願望。

全球金融學校校長
市川雄一郎

CONTENTS

OONTENTS

CONTENTS

CONTENTS

心法 1

你知道自己早就把所有錢都拿來投資了嗎？

把錢存在銀行也等於投資

可能有讀者覺得我沒頭沒腦的在說些什麼，但我指的是各位存在銀行或任何金融機構的存款。相信幾乎所有讀者都有銀行帳戶，也都將錢存在銀行管理。這年頭應該沒什麼人的薪水還是以現金支付吧？即便是，拿到錢以後應該也會馬上找最近的ATM存進戶頭。或許有人會將錢放在家裡，但應該沒有多少人會特地買一座防火金庫，將所有身家財產都放在家裡保管吧。

我們習慣說把錢「存在銀行」，但其實我們是把錢「借給銀行」。銀行（金融機構）再運用這些錢（存款）賺取利益，例如貸款給客戶公司，並收取利息，賺取「利差」（放款利息與存款利息的差額）；或自行運用，賺取收益，再撥出部分收益支付大眾的存款利息。換句話說，存錢等於是把錢投入銀行（投資）以賺取利息（報酬）。

我們往往認爲銀行是非常值得信任的地方，也經常因爲繳費等生活所需進出銀行，因此不容易將「投資」與銀行聯想在一起。然而，從「金錢運作機制」的角度來看，存款毫無疑問是一種投資。

只不過，日本的「異次元貨幣寬鬆政策❶」還在持續，把錢存在活存帳戶，年利率只有○・○○一%，三年定存的利率也不過○・○○二%。這樣確實一點都沒有「投資賺取報酬」的感覺。

然而，過去日本自經濟起飛至泡沫經濟期間，定存年利率曾高達八%，連活存年利率也超過五%。假設你存一百萬在銀行，一年就會生出五萬的利息，

❶**異次元貨幣寬鬆政策**：二〇一三年，日銀總裁黑田東彥於記者會上發表：「我們將祭出於質、於量皆有別於以往次元的貨幣寬鬆政策。」故日本民衆稱作「異次元貨幣寬鬆政策」。

日本也曾經有定存高利率的時期

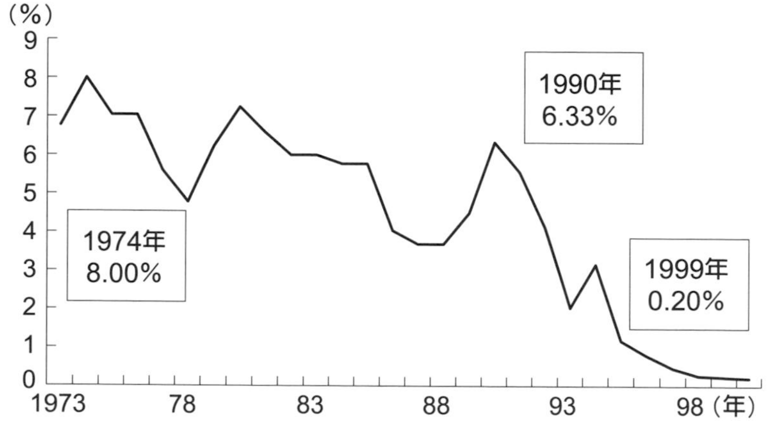

資料來源：日本總務省統計局

這筆錢足夠你來一趟溫泉旅行了。所以當時應該所有人都能深刻體會「存錢＝投資」。

如果你把錢借給亞馬遜

這麼一想，聰明的讀者應該也發現了：「那我何必把錢存在銀行，直接將這筆錢借給銀行放款的企業，利率不是比較高嗎？」

說得對極了！現在正值超低利率的時代，將錢存在銀行不僅完全生不了利息，搞不好以後還要倒扣手續費，光想都覺得荒唐。有個方法更能夠有效運用你的血汗錢，賺取更多報酬，那就是直接投資企業，也就是購買股票或公司債。

假設你將錢「借」給大家耳熟能詳的亞馬遜公司。亞馬遜市值超過一兆五千億美元，是全球最大的超優質企業（截至本書出版前）。亞馬遜成長快速，需要大量資金，所以肯定也樂於向我們借錢。這時我們即可購買亞馬遜發行的公司債，而亞馬遜二〇一七年的公司債利息就超過三％。

除了購買公司債，買股票賺股息也是一種方法。以擁有日本瑞穗銀行的瑞穗金融集團爲例，股票一年的配息率就超過五％。即便我們活在超低利率時代，只要持有亞馬遜的公司債或瑞穗金融集團的股票，還是很有可能賺得一趟溫泉旅行的資金（公司債、股票的投資方式留待後續章節詳述）。

投資需要「正確的知識」

不過這世道也沒那麼簡單。想獲得高報酬，就得承擔高風險。

如果你將錢存在銀行，即使銀行經營不善，甚至破產，你還是可以拿回一定額度的存款。因爲銀行有賠付機制，會保障本金。以日本來說，只要是活存，且金額不超過一千萬日元，那麼你的存款和截至銀行破產日的利息都拿得回來。

但超過一千萬日元的部分就不在保障範圍內了，最慘的話，甚至可能就此蒸發（無息的支票存款帳戶則無額度限制）。

更別說股票和公司債根本就沒有保本的機制，若你投資的企業不幸倒閉，你持有的股票、債券將瞬間化爲廢紙。投資的本質就是如此無情。

最重要的是，我們要掌握「金錢」和「投資」的正確知識，並了解，在沒有知識的情況下投資，是多麼高風險的行爲。這才是投資開始之前應了解的「基礎中的基礎」。

POINT

存款也是一種投資。

先理解投資的機制和各種投資方法。

心法 2

什麼是「投資」？賭博與投資最大的差異

賭博的勝敗毫無法則

假設你帶著一百萬日元的巨款到賽馬場，並在某場比賽中平均下注在每一匹出賽的馬身上，結果會怎樣？

爲了簡化說明，我們假設情況爲「包牌」，也就是每匹馬都以相同的金額押注獨贏。若有十匹馬出賽，則平均一隻下注十萬，若有十六匹馬出賽，則平均一隻下注六萬兩千五百。一場比賽當然只會有一匹馬拔得頭籌，其他馬匹全是輸家，等於押在其他馬匹身上的馬劵都落空。那麼比賽結果出爐後，你能拿回多少錢？

我在網路上查到一份由賽馬專家提出的有趣分析報告（https://www.umameshi.com/），根據專家分析，這種賭法只能回收七十到八十萬左右，也就是說幾乎回不了本。

實際上，賽事收入會先撥一定比率給日本中央賽馬會等主辦方，剩下的錢才用來計算獎金分配，因此包牌賭法根本不可能賺回本金。除非你賭的馬大爆冷門才有可能大賺一筆，但這充其量只是「碰巧」，若連續包牌下去，最後一定會輸到血本無歸。因爲賽馬沒有法則可循，意即沒有「再現性」。

以百年為單位觀察股價走勢

相較於賽馬，投資股票又如何？

假設你買下過去五十年來所有全球上市企業的股票，或者時間縮短一點，三十年、二十年，甚至十年也無妨，總之全買就對了。但即便是假設，要每一家公司都買個一個交易單位❶的股票也很費力，所以可以想像成指數❷化投資。

紐約道瓊工業指數走勢圖（1970年～）

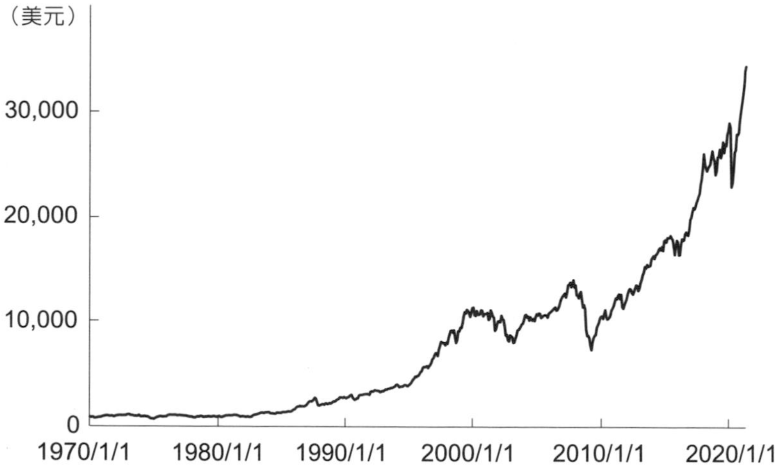

好了，這樣你投資下去的錢是會增加？還是減少？

最後你應該能獲得二至十倍的利益。

上圖爲一九七〇年代起紐約證券交易所道瓊工業指數的走勢圖，可以看到股價經常大起大落。

回首過去一百年，一九二九年發生了著名的華爾街股災「黑色星期四」，股價暴跌二二・六%。之後又碰上第二次世界大戰，不過整體股價仍有回升的趨勢。後來又經過了幾次暴跌，如一九八七年的「黑色星期一」、二〇〇八年的「金融海嘯」，以及二〇二〇年的新冠肺炎疫情，都大大打擊了股市。

回顧股市漫長的歷史就會發現，週期性的大動盪、股價暴跌數十百分比的狀況層出不窮。或許有人光看這一點會覺得「股票真的好可怕」。

不過請各位再仔細看看這張圖，雖然股價折線起起伏伏，但大趨勢卻是一路攀升。景氣榮枯有循環，既不會持續高揚，也不會持續低落。這點放在全球股票市場也適用。雖然日本股市的歷史高點仍停留在一九八九年底的「泡沫高峰」，但長期看下來，整體股價同樣呈現持續上升的趨勢。

❶ **交易單位**：股票買賣的單位。在一定規範下，單位大小可由企業自行決定。通常以一股、一百股、一千股為一個單位，並以其整數倍進行交易。

❷ **指數**：反映市場動向的指標。日本代表性股價指數有日經平均指數、東證股價指數（TOPIX），觀察股價指數的浮動即可推測市場整體概況。指數型基金則是追蹤股價指數來擬定投資策略的一種投信商品。

投機形同賭博，不等於投資

換句話說，只要長期投資，一定能等到股價回升，甚至還有可能漲到比下跌前更高的行情。即使經濟狀況一時惡化，也遲早會恢復正常。屆時企業會獲利，勞動者收入會增加，於是大量消費，進而讓企業賺取更多利潤……這就是人類經濟活動的根本法則，或稱「機制」。

各位看看疫情下的經濟狀況和股價變化就會明白了。只要通曉法則，就有十足的可能重現結果。有人說「投資股票是在賭博」，大錯特錯。賭博應該定義成賽馬那種「追求龐大利益且看運氣、不踏實的行爲」。這種行爲在經濟術語上稱作「投機」，而「投資」則是在了解法則和機制的前提下所進行的活動，兩者涇渭分明。

會說投資股票是賭博的人，不外乎對經濟和股票的運作機制不夠了解。這種人買賣股票時通常都是走一步算一步，最後只會嚷嚷自己虧了一大筆錢或賠了老本。

那麼，「賭博（＝投機）」和「投資」具體來說究竟哪裡不同？這正是本書的主題，之後的章節將爲各位一一講解。

POINT

「投機」賺的錢只是歪打正著；
「投資」賺的錢則能夠依循法則，複製成果。

心法3

預測絕不落空的魔法技巧

掌握過去的「事實」，就能窺見未來

投資免不了「預測」，也免不了預測「落空」。投資時，要預測目標企業的前景，再決定投資標的。不過，預測不會百發百中。中了自然是好事，但沒中可就慘了。假如有方法可以保證預測永遠不會出錯，誰不想知道？可是眞有這種方法嗎？

答案是「有」，而且方法還很簡單，那就是打從一開始就不要預測。只要不預測，就不會有預測落空的問題。

我好像能聽見有讀者罵我：「說什麼蠢話！誰投資不用預測？那不就只是

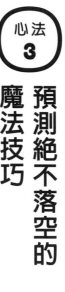

投機了嗎？」

我們換個角度。假設你從現在開始二十四小時不吃東西的話，會怎麼樣？不難想像二十四小時之後你會覺得「肚子好餓、好想吃東西」。但你之所以知道自己會肚子餓並不是「預測」，而是基於過去經驗所掌握到的「事實」。

我們可以將這個想法套用在投資上。

投資最重要的就是「根據事實進行投資」。

假設一家企業業績很差、未來又無望獲利，我想也不會有人願意投資吧。但也有一些目前呈現赤字，未來卻有望創造極大收益的企業。很多首次公開發行股票（IPO）不久的新創企業都屬於後者，而這些赤字的背後是有原因的。它們是為了未來的發展而投入資金，所以帳面上才會呈現赤字。比方說，堪稱新創企業跳板的東證Mothers和JASDAQ市場裡就有不少「前途無量的赤字企業」。

東證一部、二部與Mothers的掛牌審查標準

	一部、二部	Mothers
上市後 預期股東人數	400人以上	150人以上 （上市前流通股數應達 500單位以上）
流通股市值	10億日元以上	5億日元以上
設立年限	3年以上	1年以上
資本額	10億日元以上	不限
獲利能力	近2年來 合計5億日元以上	不限

資料來源：https://www.jpx.co.jp/equities/listing/criteria/listing/01.html
https://www.jpx.co.jp/equities/listing-on-tse/new/guide/01.html

不要預測，要看清「事實」

很多大企業也都當過赤字連連的小企業，像現在牽動全球經濟的GAFA❶四巨頭都經歷過類似的新創時期。亞馬遜公司就是相當經典的範例。亞馬遜共同創辦人兼執行長傑夫．貝佐斯最早只憑著自家車庫和一台暖爐便創立了公司。史蒂夫．賈伯斯的蘋果、馬克．祖克柏的臉書、比爾蓋茲的微軟，以及谷歌、惠普也都是「車庫起家的新創企業」。

現在代表日本的大企業也一樣。國際牌、索尼、本田、京瓷、日本電產最早也都只是郊外的小工廠。百元商店龍頭大創的創辦人矢野博丈原本是在故鄉廣島養殖鰤魚，事業失敗後，跑路到東京，才開始做起「百元商品」的生意。他開著一輛載滿生活雜貨的小卡車，停在超市門口叫賣，最後東山再起。雖然過程中旁人不斷勸他「這種便宜沒好貨的生意根本做不起來」，不過他仍獨排

❶GAFA：谷歌（Google）、蘋果（Apple）、臉書（Facebook）、亞馬遜（Amazon）四家公司。

眾議，貫徹自己的信念，傾聽顧客的聲音並不斷改良商品，打造出如今我們看到的大創百貨連鎖店。物超所值的「百元商品」甚至風靡外國觀光客，大力貢獻了日本旅遊消費市場。

這類新創企業洞悉時勢，布局未來，精準掌握市場的渴望與需求，持續開發、提供充滿魅力的商品和服務。

我們再對比「不吃東西會肚子餓」的例子。這些企業並非「預測」身邊消費者的需求，而是根據反覆試錯和驗證得出的「事實」，才創造出暢銷商品和商業模式。

投資的關鍵就在於找出「有能力創造事實的企業」，並且抱持遠見，不炒短線。

健康的人偶爾也會身體不適，企業同樣可能短暫出現業績不振的情形，或是因爲發展策略而呈現赤字。因此投資人要以長遠的眼光投資未來會繼續成長的企業、將來可以穩定獲利的企業，不必爲了當前的業績和利益就提心吊膽。

「看清有前景的企業再投資」當然沒有說起來這麼容易，不過只要堅守這項基本投資心態，至少可以少走一些冤枉路，減少虧大錢的風險。

POINT

不要憑空預判，要看清事實。

心法 4

這兩種人最容易受騙上當

「我只告訴你」之類的好話全是瞎扯

「好騙的人」分成幾種類型，最常見的是「知識極度匱乏的人」。因爲毫無知識或知識量不足，對於似是而非的言詞才會不疑有他、毫不查證便照單全收。另外，深信自己「有看人的眼光」也是危險族群。雖然這世上眞的喪盡天良的人並不多，但最好還是相信有知識根據的事實。

舉個例子，某人覺得金融機構理專積極推銷的某項投資商品「好像還不賴」，就馬上決定買下該商品。殊不知一年後商品的表現不僅沒有如當初預期的上升，還出現了虧損……我想各位應該也常聽到這類投資失敗的例子。這種時候，虧錢的人會說什麼？

「我被那個人騙了。都怪他只講好聽的話！」

畢竟重要的財產就這麼飛了，會想罵人也是無可厚非，但這種情況實在算不上「欺騙」。理專的說明確實不夠完善，但最終還是歸咎於沒有仔細研究就決定購買的人。偏偏沒有好好用知識武裝自己的人，更會認定自己「受騙」，根本沒想過是自己知識量不足的問題。

碰上詐騙的話更慘。詐欺犯通常有個特色，就是看起來都很老實。這些人總能把可疑的賺錢機會講得天花亂墜，被詐騙的人還會介紹給朋友，導致許多人受騙上當，損失了重要財產。我前面也說過，現在是異次元超低利率時代，大銀行和郵政儲金三年定存只有〇．〇〇二％的利率（截至本書出版前）。在這樣的低利率時代，一定會有千奇百怪的詐騙或類似詐騙的投資機會找上各位。

「這個商品投報率很高，我只告訴你一個人。」

「最近有家潛力不錯的新創企業準備上市，我有祕密管道可以搶先拿到他們還沒公開發行的股票。」

「你每介紹一個朋友過來，我們就會付你多少萬的介紹費。」

很多詐騙集團就是利用這種手法募集龐大資金，最後卻搞到破產而被舉發，根本抓都抓不完。各位應該也聽新聞報導過這類詐騙事件。受害者的下場往往是欲哭無淚，最慘還有可能賠上自己一點一滴存下來的養老金或其他重要資產。

我在此斷言，「我只告訴你」這種甜言蜜語一〇〇%，不，一二〇%有詐。聽到這種話請馬上察覺「這是詐騙」！只要冷靜思考，應該不難察覺這種好康憑什麼對方只跟自己說。如果真的這麼好賺，他又何必好心告訴別人，應該會自己獨吞這個投資機會，大賺一筆才對吧？

唯有「知識武裝」，才是保護自己不受騙的魔法！

各位讀者看到這邊可能會覺得「自己哪可能這麼蠢」，然而過度自信也很危險。

事實上，還有一種人也很容易受騙，那就是「相信自己絕對不會被騙的人」。詐騙集團很擅長利用這種心理來操弄目標，讓人在不知不覺中上當。

請各位回想一下日本老牌建商積水房屋公司遭遇的詐騙案。積水房屋公司雖是大型建商，卻在買賣東京中目黑的土地時，被假冒成地主的詐騙集團騙走了五十五億日元。你們看，就連精通不動產交易的知名企業都難保不會受害了。無論你是一流企業的經營者或商場菁英，都有可能被「專業詐欺師」要得團團轉。過度相信自己可是大忌。

那麼我們該如何避免投資滑鐵盧，將損失控制在最低限度？唯一的方法就是「用知識武裝自己」。只有拚命學習，養成扎實的知識，以備不時之需。豐富的知識涵養可以幫助你冷靜思考利弊，保護你不被理專的行銷話術誘惑。即便突然聽到一樁看似能大賺一筆的投資機會，你也有辦法懸崖勒馬。

想避免受騙，打從一開始就不要相信任何人。只要不相信他人，就沒有上當的問題。可能有讀者會說：「那我是不是也不應該相信這本書裡的內容？」我會告訴你「沒錯」。

報紙不能相信，電視新聞不能相信，網路資訊、部落格文章全都不能相信。我們可以透過書報獲取各種資訊和知識，但重要的是自己找出答案，自己做出判斷。唯一能相信的只有自己，所以我們必須努力培養自己的知識。希望各位也能抱持這種心態。

到頭來，會被騙的人和不會被騙的人就差在「知識」，以及根據知識所掌握到的「事實」。這種「避免自己受騙的魔法」看似理所當然，但其實很多人都沒有做好。

POINT

投資有成的人不會隨便信任他人。自己的錢，靠自己的知識保護。

心法 5 沒有人一輩子都能賺輕鬆錢！

一流的專家都曾經付出過人的努力

許多人每天都是辛苦工作，努力賺錢。賺錢很不容易，沒有一種工作是輕鬆的。

如果世上真有「輕鬆賺錢」的機制，一定所有人都會拚命找出那套方法來賺錢，最後演變成所有人都賺不了錢的局面。

投資的世界也一樣。假使有「輕鬆獲利的方法」，也不可能永遠管用。所以我們只能用功學習，努力找出屬於自己的方法。容我再三強調，知識淺薄的人才會相信「輕鬆賺錢」之類的甜言蜜語。偏偏這種人又特別愛挑戰再見全壘打，孤注一擲的結果，最後只能以失敗收場。

職棒選手在場上的亮眼表現，來自場下辛勤不懈的練習，而且只有在激烈競爭中脫穎而出的人才能入選先發名單。選手在場上失誤、在機會來臨時遭到三振，經歷比賽中的各種失敗並獲得成長，才能偶爾打出一支逆轉戰局的滿貫全壘打。在職棒的世界，打擊率只要超過三成就是一流打者了。換句話說，就連那些頂尖的選手，十次打席數中，也會失敗（出局）七次。

若希望投資有收穫，只能像職棒選手一樣，日復一日咬緊牙關學習、吸收知識、拚命研究，找出好方法並勤奮投資，別無他法。雖然世上有許多人生活過得幸福又快樂，但他們在工作或賺錢的時候也絕對不輕鬆寫意。

全球投資人崇拜的華倫．巴菲特和吉姆．羅傑斯，年輕時也同樣兢兢業業地學習經濟和投資的道理，在無數次失敗中淬鍊知識，才確立自己的投資之道，創造現在偌大的財富。

坊間流傳著不少巴菲特的事蹟，其中一則是這樣的：當年美國逐漸流行起信用卡，美國運通聲勢如日中天，許多投資人將錢投入美國運通，然而巴菲特堅持不跟進，因爲他不投資自己不熟悉的股票（公司）。後來他在附近的餐廳觀察到許多客人都拿美國運通卡結帳，才下定決心投資。我認爲這也是投資股票時非常重要的想法。

老婦人年報酬率高達一三%的投資術

我十多年以前也曾聽過一名投資人有著和巴菲特類似的成功事蹟。那是一名年過八十的老婦人，她運用手頭資金投資，平均年報酬率竟高達一三%。她究竟是怎麼辦到的？

這位婦人每次到附近的超市買東西時，都會仔細觀察位於自己視線高度的商品，詳實記錄商品名稱、製造廠商、價格等資訊，因爲擺在消費者視線高度的商品大多都是暢銷商品或促銷的新產品。

婦人回家後會翻閱報章雜誌，站在消費者的角度分析「哪項商品有成長潛力」，再決定投資標的。

我相當敬佩這位老婦人，她運用自己生活周邊的第一手資訊，依自己的方法分析並投資。當年我才剛以理財規畫顧問的身分自立門戶，感覺自己從這位老婦人身上學到了投資的眞諦。

最近無論是股票、基金或外匯的市場，都出現了五花八門的投資ＡＰＰ，人人都能利用手機輕鬆投資。有些ＡＰＰ也爲新手準備一些是非題，回答完後，系統就會推薦適合你的商品。也有一些主打「ＡＩ精確分析」，提醒你「最佳買賣時機」。這確實有助於投資人獲得更多資訊，但我得老實說，這種投資ＡＰＰ絕對沒辦法讓你持續獲利。如果靠ＡＩ就能輕鬆賺錢，這世上所有人早就都成爲大富翁了。

確實有人靠投資賺了大錢，我也認識一些透過外匯大賺一筆，成功搬進東京都心超高層豪宅的人。但我也認識一度把自己搞到瀕臨破產，不得不把住家賣掉的人。

一時順利不代表什麼，要持續贏下去並不是件容易的事情（以我的經驗來說，這幾乎不可能）。

世上沒有任何工作的錢是好賺的，投資也一樣，我甚至希望各位抱持「貪圖輕鬆肯定賺不了錢」的心態。

POINT

世上絕不存在能持續輕鬆賺錢的方法！

心法6

千萬別相信猜拳比賽的優勝者

「偶然」絕非「必然」

大家都玩過猜拳吧？不只是小時候，長大之後，我們在決定人選、順序的時候偶爾也會猜拳。猜拳猜到最後一定會有一名贏家，就算舉辦一場千人規模的猜拳大賽，也只有一個人能過關斬將到最後。

那麼，這名冠軍是怎麼贏到最後的？是因爲他日復一日地練習，努力提高「猜拳能力」，並靠實力獲勝的嗎？

怎麼可能有這種事。猜拳才沒有什麼連猜連贏的方法，就算是現代科學也不可能發現、確立猜拳必勝理論。如果有哪位讀者敢說「我這輩子猜拳從沒輸過」，我倒想見識一下。倘若該方法屬實，肯定能獲得諾貝爾獎。

我想說的是，猜拳大賽的冠軍只是「運氣好」，碰巧獲勝罷了。因爲一千人之中，只有一個人可以贏到最後，所以最後贏家可能會博得滿堂喝采，但你覺得會有人崇拜他，心想「我從沒看過這麼厲害的人，好想跟他拜師學藝」嗎？

怎麼可能。大家根據過往的經驗都知道，那個人只是湊巧獲勝而已。簡單來說，這就和賽馬押對大黑馬的狀況相同，缺乏「再現性」。

金融展常見情景的真相

但是很弔詭地，「猜拳大賽優勝者」在投資世界中卻能吸引群眾簇擁，颳起讚賞與崇拜的旋風。各位讀者若參加投資展之類的金融主題活動，也能親眼見識到我形容的情景。在那些特別擁擠的攤位上，往往會看到一群人圍成一圈，聽著中間某位「投資大神」演講。我也不難理解一般投資人會覺得那些

「短期內將一百萬變成一億」的人是天才，甚至相信「那個人說的話一定是對的」。

但很抱歉，我是絕對不會在這樣的攤位前停下腳步。因爲那個人賺了大錢，只不過是某個時間點的偶發事實，幾乎沒有參考價值。

確實有人買賣加密貨幣、外匯或股票並賺取莫大利益，但全球好說歹說也有幾百萬、幾千萬、甚至幾億名投資人，碰巧大賺一筆的人自然比千人猜拳大賽冠軍還多。

然而那樣的人絕非天才，他們也無法屢戰屢勝。基金經理人這類「投資專家」也不例外，不可能有百戰百勝的基金經理人。

因此，千萬別輕信任何賺了大錢的投資人。假設那個人眞有什麼特別的方法（或之類的東西），你也應該自行分析、驗證。只要具備正確的知識，相信你也會發現，對於這類例子的法則和再現性，往往都得打上一個「？」。

重點是，不要單純相信「贏家是對的」，應該要「正確判斷」贏家的說法、方法是否具有再現性。

POINT

千萬不可相信「偶然」獲勝的人！

心法7 金融機構的理專不是你的「投資老師」！

理專有他們的立場

「下次什麼時候來比較好？」

你去理髮店剪完頭髮，離開之前有沒有問過理髮師這個問題？問這種問題蠢斃了（對不起！）。理髮師只會告訴你「最晚一個月後吧」，不太可能會說「暫時不用剪沒關係喔」。畢竟對方也是生意人，當然會希望你盡快再來。

巴菲特也說過：「千萬別問理髮師現在應不應該剪頭髮。」

網購市場的做法更明目張膽，每天寄一堆廣告信給你，說什麼「現在加入會員免入會費，期限只到〇月〇日！」或「買就送免運優惠＋個人專屬好禮」。

出現了！這又是「我只告訴你」的話術！人心容易動搖，我們會害怕自己如果錯過這次就再也拿不到優惠，但其實一年到頭都有這種促銷活動。

這些都只是行銷手法，無關欺騙與否。你要不要買，現在買還是以後買，這些終究要由你自己決定。

那麼我想請問，各位都怎麼看待證券公司和銀行的業務，也就是所謂的理專？

他們金融知識豐富、態度和善，總是設身處地聽我們說話，而且還不收諮詢費。相信很多人都覺得他們相當可靠吧。

但是各位千萬別忘了，理專的工作是販賣金融商品。無論哪一家證券公司、哪一家銀行都有「現在特別想賣的商品」，公司也經常會設定某個月要集中促銷某個產品，鞭策全國各地的理專。

我經常受邀擔任大小金融機構的內部進修活動的講師，也經常在他們的辦公室看到牆上貼著業績長條圖，標示每個人的業績。雖然現在日本不斷呼籲企業改革工作方式，但第一線理專面對的嚴峻處境和激烈的銷售競爭，依然和昭和時代沒兩樣。

認清在商言商的常識

只要金融機構還是營利性企業的一天，就依然屬於「銷售掛帥」的世界。專做住宅投資的不動產業也一樣，因爲他們希望盡早回收資金，所以會特別用力推銷剛落成的新物件。

而食品、化妝品廠商之所以在電視上播放吸睛的廣告宣傳新產品，也是基於相同理由。任何一個業界都有「公司想賣的東西」，也都想方設法將商品賣給消費者。這是商業的基本常識，只要企業是以營利爲目的，這就是無可奈何的現實。

但請各位別誤會，我並不是指控金融機構標榜「顧客至上」「顧客優先」的口號都是信口開河。我相信你的理專也不會強迫你買下他想賣的商品。

前面〈心法4〉談到容易受騙上當的人時也說過，請各位謹記「看起來老實的人最恐怖」，也千萬別太篤定自己「有看人的眼光」。如果在金融機構碰上你覺得「人很好」的理專，那人十之八九很認眞，而個性認眞的人往往工作上也是全力以赴，因此很有可能大力推銷公司想賣的商品給你。

至少有件事我們可以確定，「理專推銷時並非百分之百站在你的立場著想」。他們既非你專屬的投資顧問，亦非指點你投資大小事的導師。

說難聽一點，有些理專的金融知識恐怕也不見得那麼豐富。尤其以銀行業來說，因為販賣的東西僅限於投信商品，所以不少理專對於金融、投資的整體知識掌握度都不高。為了賣掉自己負責的商品就已經費盡全力，根本沒有餘力學習更深的知識。我想至少要跟各位講清楚，業界的確有這樣的情況存在。

總而言之，理專不是你的「投資老師」。如果你對他們推薦的商品存疑，也可以諮詢其他公司的理專，獲取「第二意見」。

請各位了解商業的基本道理就是「賣想賣的商品」，與理專之間要拿捏適當的互動距離。

POINT

當你覺得對方「人很好」，就更不該相信對方。
想要投資獲利，只能靠自己學習，累積知識。

心法 8 別管金融機構的交易排行

商品銷售機制的最基本常識

稍微補充上一篇的內容。

證券公司的網站和各大小營業據點都會公布五花八門的「交易排行」，其中最常見的應該就是「當月熱門投資信託排行榜」。證券公司和銀行都有自己的榜單，顯示哪項投資信託商品（共同基金）❶較熱門、投資報酬率是多少。

---

❶**投資信託**（**共同基金**）：向多位投資人募集大筆資金後，委託專家投資、操盤股票或債券等的一種金融商品。其投資成果會根據投資人出資占比分潤。專家會根據該基金的投資方針運用投資人的資金。

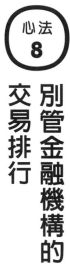

這對投資人來說也是一種參考指標。

不過投資基金有很多眉角，當中最重要的是充分了解基金的運作機制。

投資信託商品的銷售機制

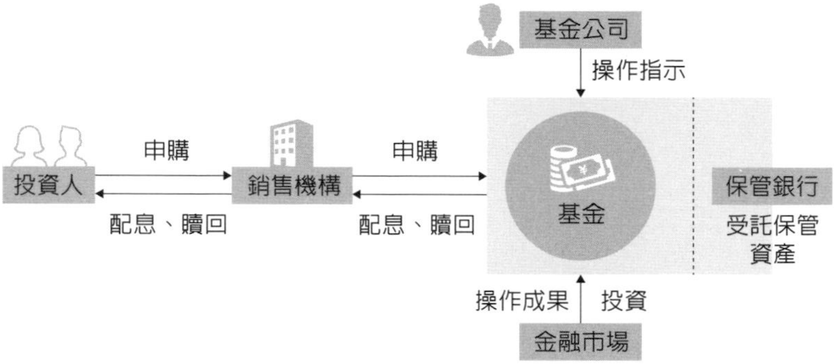

資料來源：日本投資信託協會

首先是「銷售機制」。基金一般是由基金公司（投信公司）發行，透過證券商或銀行等銷售機構賣給各位散戶和企業。而每成交一單，銷售機構就能從基金公司手上拿到手續費（佣金）。每家公司的做法不太一樣，有些會提供額外報酬（績效獎金），有些則是設立點數制度來激勵理專，概念就如同你網購刷卡或使用電子錢包可以獲得的紅利點數。

這些制度都會直接影響到銷售排行。例如，同一家基金公司發行的某一檔基金，在A銀行的排行卻比在B證券來得高。又或者，明明X和Y兩家基金公司幾乎設定投資同樣的主題和標的，表現成績也不分軒輊，但X的商品賣得特別好、Y的商品卻賣得普普。對外行人來說簡直是霧裡看花。

交易排行暗藏玄機

之所以會出現這麼令人費解的現象，原因就在於投信商品的銷售機制其實「暗藏玄機」。

例如某些銷售機構的申購手續費（銷售報酬）和其他公司不一樣。基金公司有時會出於銷售策略，設定所有通路的申購手續費為二%，唯獨A銀行為三%。這時A銀行自然會想多賣這項商品。前文提到，某些公司會「設定某個月要集中促銷某個產品」，基本上指的就是這種商品。公司要你「賣」，負責的理專自然也會把這件事放在心上，努力推銷。對理專來說，業績會直接影響到他的工作考核，並實質反映在獎金上。所以若X和Y賣的明明是內容類似的基金，X卻賣得比較多，很有可能就是因爲X的手續費（報酬）比較高。

相信各位現在也明白了。我在此不畏業界反彈，敢於直言：交易排行只不過顯示了銷售機構「現在想賣什麼商品」。所以各位投資人不必太在意，直接忽視也無所謂。

就算是獨立的保險代理人或獨立財務顧問（IFA）也經常傾向於「賣自己想賣的商品」。當然還是有很多公司不受獎勵制度誘惑，貫徹「顧客至上」主義。不過身爲投資人，最重要的還是累積知識和經驗，培養能夠明辨銷售機構立場的眼光。

別忘了基金內含「隱藏成本」

投資基金還有一件注意事項，就是你支付的手續費。

投資人向銷售機構申購基金時，需要先支付一筆「申購手續費」。這部分每個銷售機構和商品的狀況都不太一樣，最近也開始流行起「網購折扣」，透

基金買賣的3種手續費

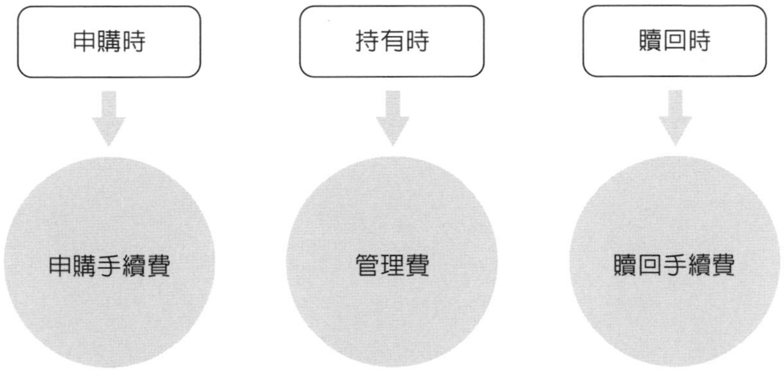

過網路申購還可以打折。

比較容易忽略的是持有基金時支付的「管理費」。簡單來說，就是你請基金公司代爲管理、運用資產的費用。

上圖簡單統整了投資基金各個環節需要支付的手續費，不過實際上每個機構的收費方式都不盡相同。

買賣基金時的各種手續費都會直接影響到你的最後收益，所以申購前務必調查清楚。

其實綜合以上內容，重點就是，不必在意其他人買了什麼東西。你該關注的是自己究竟需要什麼金融商品，該如何管理、運用，並全心全意地研究。

人云亦云，或是根據他人的行動下決定，可能會讓你失去重要的資產。各位千萬別犯下如此愚蠢的行徑！

POINT

別被排行迷惑，堅持選擇適合自己的商品。

心法9 告訴自己「投資是一種勞動」，一切自然順利

要怎麼收穫，先怎麼栽

有人認爲「投資是用錢滾錢，不用費力也能增加財產」。絕對沒有這回事。如果躺著也能賺錢，誰還要辛苦工作？

不用說，各位都是努力工作換取薪水和酬勞。如果不認眞工作，以公司職員來說，最慘的下場就是被解雇。如果是經營者、企業主，則是遭客戶解除合作契約。這就是勞動。勞動即「掙取酬勞的活動」，人們以辛勤工作爲代價，換取薪水、報酬。

世上沒有輕鬆的工作。

一旦偷懶、敷衍了事，遲早會有報應。你有多偷懶，下場就有多慘。但反過來說，咬牙努力也一定會有所收穫。工作是很現實的，只想輕鬆做事的人絕對拿不出像樣的成果。

投資也是同樣的道理。投資就是一種勞動，和大家平常的工作一樣有辛苦的地方，絕對不是「輕鬆賺錢的方法」。想要投資成功，勢必得付出相稱的心力，經歷一番辛苦。但你有多辛苦，收穫就有多豐盛。

如果說勞動的回報是薪水，投資的回報就是「增值」。

「持續學習」＝輸入，「持續實踐」＝輸出

那麼怎樣才叫作「努力投資」？

重點有兩個。

一是認眞學習，培養正確的投資知識。

二是實際運用自己重要的資產，體驗投資的險峻、恐怖、趣味、喜悅。

「持續學習正確知識」是一種輸入，「持續實踐」則是輸出。正所謂「堅持，是一種力量」，最重要的就是「持之以恆」。

假設你是一名計程車司機，某天不幸右腳骨折進了醫院，醫生說「你傷得很重，請做好半年後才能回去工作的心理準備」。但你還是努力復健，比預期的還要早很多復工。

儘管如此，你有辦法馬上像以前一樣開車載客嗎？即便你是專業駕駛，隔那麼長的一段空窗期，自然得花點時間重新熟悉開車的感覺。

職業運動員也是。無論是棒球選手還是足球選手，一旦受了一次大傷，免不了要花很長一段時間才能重回場上發光發熱。

同樣的道理也適用於投資。如果你偷懶休息了，敏銳度一定會下降。因此你一定要每天投資，關心市場和社會經濟的動向，就算只花一點點時間也沒關係。唯有日復一日堅持學習、研究，才能將「洞察市場的眼光」愈磨愈利。

我在〈心法5〉提過，最近出現很多可以設定系統自動買賣金融商品的投資APP和軟體，甚至打出只要照著AI的指示操作就能賺錢。如果這樣就賺得了錢，那些開發者應該早就靠自己的系統成爲世界首富了。深陷泥淖的日本政府年金投資基金（GPIF）也肯定會尋求他們的協助，日本的年金問題也能立即解決。

然而，現實沒這麼簡單。

容我再三強調，投資沒有捷徑。投資路上一定狀況百出，有時還會遭遇危機，你辛苦流下的汗水可能在一瞬間變成冷汗。當然，失敗也是在所難免。投資跟工作一樣，不可能永遠一帆風順。

重要的是記取教訓，用於未來。要讓失敗化爲成功之母，只能繼續揮汗前行。面對投資，應該像工作上準備簡報資料時一樣認眞以赴。

POINT

「天下沒有白吃的午餐」。
投資也是一分耕耘，一分收穫。

心法10 業餘投資人也能創造龐大資產的唯一「勝利方程式」！

控制投資策略的三個變數

該怎麼做才能增加資產？

有四個要素需要考量：第一是手上的「資金」，第二是「利率（投資報酬率）」；第三是投資時間，也就是「年數」。第四則是「知識（能力）」。

先談談「資金」。

如果手上資金夠多，就算低投報率也很容易增加資產。例如我們將一百萬存進年利率一％的定存帳戶，撇除稅金的部分不談，一年後的報酬是一萬。同樣的利率，存入一億可以獲得一百萬、存入十億則可以獲得一千萬。投入的資金愈大，得到的報酬（絕對值）當然也愈大。

接著談談「利率（投資報酬率）」。

利率愈高，資產增加的幅度也愈大。我們將一百萬存進年利率一％的定存帳戶，一年後的報酬是一萬。如果年利率有二％，報酬就是兩萬。這也不用特別解釋。

那麼第三點的「年數」呢？

在年利率一％的情況下投資一百萬，一年後得到的報酬是一萬。那如果繼續存兩年、甚至十年呢？單純以單利計算，兩年後的報酬是兩萬，十年後則可獲得十萬。這又是一件理所當然的事情。

將以上三項變數相乘，「資金×利率（投資報酬率）×年數」就是影響投資結果的基礎條件。所以本金太小，將很難大幅增加資產，利率低或投資年數短的情況也一樣。

左頁圖表爲試算範例。只要擁有資金、利率、投資時間其中的任何一項，我們就可以創造資產。資金充足，自然可以創造龐大的資產。即使資金較少，只要利率夠高，一樣能締造偌大財富。至於目前沒有資金的年輕朋友，則有相

決定投資策略的3個變數

資金 × 利率 × 年數 × 知識

工作　投資對象　健康

只要擁有其中一項，就能創造資產

❶ 每月資金只有8300元，年利率50%，投資15年

資金 × **利率** × 年數 × 知識

每月8300元　**年利率**50%　15年

1億3000萬元

❷ 每年資金500萬元，年利率10%，投資15年

資金 × 利率 × 年數 × 知識

每年500萬　年利率10%　15年

1億7500萬元

❸ 每年資金50萬元，年利率10%，投資40年

資金 × 利率 × **年數** × 知識

每年50萬　年利率10%　**40年**

2億4300萬元

❹ 每年資金100萬元，年利率10%，投資20年

資金 × 利率 × 年數 × 知識

每年100萬　年利率10%　20年

6300萬元

對較長的投資時間，因此就算利率不高，未來累積的資產也不容小覷。希望讀者先了解，這三項變數決定了我們的投資策略。

有正確的「知識」，才能增加財產

然而，決定投資成敗的要素可不只以上三種，我認爲最常被忽視的第四項要素「知識（能力）」才是最重要的。只要擁有知識，就算基礎條件受限，也能創造出最佳績效。

例如增加投資商品的選項、調整投資時間、分散風險，甚至也可以刻意背負風險。知識可以拓展投資策略的應用範疇和靈活度。

至於我口中的知識，當然是指扎實、正確的知識。臨陣磨槍的知識反而會提高風險，害自己受傷。假如叫一個沒有實際駕車經驗的賽車遊戲高手開車上路會發生什麼事情？又假如駕訓班學生只具備皮毛的知識，卻硬要模仿Ｆ１賽車手的高難度技巧會發生什麼事情？兩者肯定都會釀成大禍吧。只有配合自己的程度，按部就班行動，才能累積眞正的知識。

綜合以上所言，我做出以下定義：

增加資產的勝利方程式＝
資金×利率（投資報酬率）×年數×知識（能力）

只要確實理解這道方程式，我們就能夠增加資產。任何人都有辦法壓低風險，腳踏實地增加資產。

其實只要冷靜一想，任何人都能理解這道方程式的意義。偏偏許多人一投資就亂了方寸，甚至忘記或輕忽「知識（能力）」的重要性。也搞不好打從一開始就沒有考慮到這件事。

這道方程式是乘式，如果知識爲零，那麼投資的勝算也會是零。

實在有太多人一聽到有甜頭就想入非非，聽到別人賺了大錢就想模仿他們。只要扯到金錢，人的心理就很容易受到影響。不可不愼！

POINT

基礎最重要。
千萬別忽視理所當然的基本概念！

心法11 複利效果的真諦

一天成長一%，一年後會成長多少？

我們暫且換成「自我成長」的情況來思考一下。這個問題也是全球金融學校經營者上野由洋一定會問學員的重要問題。

「如果我一天能進步一%，一年後會進步多少？」

一天一%，一年有三百六十五天，所以是三．六五倍？不對，不對，不是這樣算的。一年下來，應該能進步三十七．七八倍。一年三百六十五天，若每天孜孜矻矻追求一%的自我成長，一年後、五年後、十年後，我們一定會在不知不覺中成長、進步，擁抱更豐足的人生。

複利效果與長期投資的威力

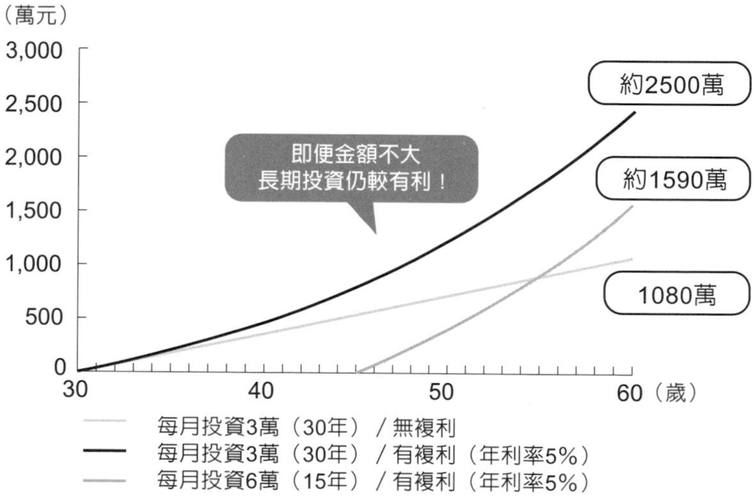

資料來源：https://money-bu-jpx.com/news/article000379/

這就是「複利」的效果。將每天增加一%的利潤投入隔天的投資，就會形成「利息生利息」的循環，最後「積沙成塔」，結出飽滿的果實。

這是投資上最重要的概念。即使資產每天只成長一點點，也不能小看這一點點的力量。重要的是堅定意志，一步一腳印累積資產，維持小小的成長。

據說巴菲特自從一九六四年開始投資以來，平均年報酬率高達二〇%（截至本書出版前）。巴菲特的資產當然也是運用了複利效果，所以他的本金在開始投資半世紀後的二〇一四年成長了九千一百倍，五十五年後的二〇一九年更翻至兩萬兩千六百四十五倍。這數字相當驚人。雖然只是粗略計算，不過我想實際情況應該也不會相差太多。

這裡我再分享一句諺語：「時間就是金錢。」這句話出自美國國父班傑明·富蘭克林，意思是「時間和金錢都是寶貴的資產，絕對不能浪費。時間有限，應珍惜且花在有意義的事物上」。怎麼運用時間是個人自由，不過，認眞運用的收穫絕對大得超乎想像。這一點無論是「個人的成長」或「資產的成長」都一樣。

如果說金錢和時間有哪一點不同，那就是運用金錢能獲得「報酬」。同樣的時間對每個人來說都一樣長，但同一筆錢卻會因爲運用方法不同而出現明顯差異。假設報酬率有一〇%，你就能得到一〇%的利益。假設一筆錢你投資十年，且連年報酬率皆爲一〇%，以複利計算，你的本金十年後會翻至二·五九倍，二十年後是六·七三倍，三十年後則是十七·四五倍。換句話說，投資時間拉長，資產增值的幅度也會因爲複利效果而不斷放大。

沒有人想慢慢變成有錢人！

雖然股票具有波動率❶，但仍是所有投資工具中長期投資效益最好的一個。假設你替剛出生的孩子投資一百萬在美股上，且每年都能順利獲得一〇%的報酬，那麼當孩子五十歲時，一百萬的本金將會超過一億；當他七十歲時，這筆錢更會增值到將近七億九千萬。

很多人投資是短視近利，追求一時的高報酬率。但我覺得與其這麼做，不如花同等的心力，甚至花更多的心力想辦法「盡可能拉長時間」。巴菲特也說過：

「最理想的持股期間是『永遠』。」

如果將投資股票喻爲結婚，我們也可以這麼說：

「投資時，請抱持著在教堂結婚的心態，告訴自己，接下來一生都要一起走下去。」

亞馬遜公司的共同創辦人兼執行長傑夫．貝佐斯，曾經詢問運用複利魔法累積巨大財富的巴菲特：「爲什麼大家都不學你呢？」巴菲特回答：「因爲

美國主要金融商品的投資報酬率走勢圖

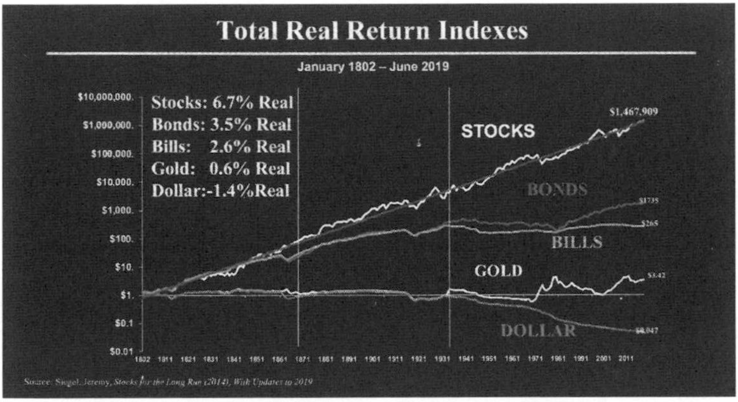

STOCKS為股票、BONDS為債券、BILLS為短期國債、GOLD為黃金、DOLLAR為美元。股票是所有投資工具中，長期投資效益最好的。

資料來源：傑諾米・席格爾教授製作

世上沒人想花時間慢慢變成有錢人。」簡直一語道破世間眞理，巴菲特的觀察實在入微。

我們或許無法輕易地達到巴菲特那等輝煌的成就，但只要善用複利，仍相當有可能讓資產成長十倍、百倍、甚至千倍。很多投資人雖然明白道理，卻缺乏耐心，總是受到錯誤的情報擺布，被眼前的機會（或類似的東西）牽著鼻子走，最後投資失利。

❶**波動率**：股價的變動幅度（漲跌程度），一般會用百分比表示。價格變化愈劇烈，波動率愈大；價格變化愈和緩，波動率愈小。

我再次重申，投資的關鍵在於，盡最大可能運用複利效果。唯有願意花時間，一步步走在漫漫長路上的人，才能抵達無與倫比的境界。

我認爲無論是人生、工作，還是投資，只有腳踏實地、持之以恆的人才會有所回報。

POINT

「積沙成塔」×「時間就是金錢」=「堅持，是一種力量」

心法 12 投資對象僅限於股票、債券、不動產就夠了

兩個重要觀點

選擇哪項投資商品才能有效運用自己的血汗錢？這是所有投資人的煩惱，也是擬定投資策略時最根本的問題。

選擇投資對象之前，我們可以問自己兩個問題：第一，該投資能否讓自己「成爲他人的老闆」？第二，該投資能否「創造社會價值」？綜合以上兩點思考，你就能一口氣排除掉很多選項。

先說結論。我建議散戶，尤其是新手，將投資對象限定在股票、債券、不動產。只要集中投資三種商品，沒必要再涉足外匯、黃金等其他投資。投資時

最好不要心猿意馬，以下我會仔細說明爲什麼這點非常重要。

假設你現在已經根據「成爲他人的老闆」和「創造社會價值」這兩項條件，決定要投資一家企業。通常投資企業有兩種方法，一種是購買股票（投資股票），一種是購買公司債（投資公司債）。

這裡我們以日本市值最大的豐田汽車爲例。無論你是投資股票還是公司債，豐田汽車都是運用你和眾多投資人提供的資金在經營事業，提升銷售並賺取利益。

豐田汽車集團旗下所有公司總共有約三十六萬名員工（截至二〇二〇年三月）。假設全體員工一天工作八小時，總勞動時間就等於兩百八十八萬小時。換句話說，豐田汽車裡有這麼多的人、花這麼多的時間辛勤製造與銷售汽車，創造公司的利益。這些「創造利益」的行爲即「創造價值」，而這正是經濟活動的本質。

投資股票者即爲「股東」，每位股東在公司獲利時有權利依各自持有的股份分紅。雖然常常有人針對「公司所有權」一事進行議論，不過股東是提供營運資金的人，所以透過「分潤」的形式收取利益也是正當的權利。若公司業績成長，股東也可期待持股的價格比購買時還要高。這就是資本主義的運作機制（詳見〈心法13〉）。

換句話說，每位股東都是公司的老闆，即便持有的股份再少也一樣。以剛才舉的例子來說，你身爲股東，就是豐田汽車的董事長、管理階層和所有員工的老闆。

投資公司債的情況也差不多，你可以從公司手上獲得約定的利息。公司債是公司借來的錢（負債），所以會事先決定什麼時候還（償還期限），並有義務於期滿時全數還清（償還）。站在投資方的立場，由於投資的錢在期滿時就會回到自己手上，想要繼續投資就得重新買過。這一點和可以無期限持有的股票不一樣。

無論如何，你投資公司債，公司也是拿這筆錢在營運並創造利益，所以廣義來說，「你（暫時）是公司所有職員的老闆」。投資組合了股票和債券的基金，也是同樣道理。

購買國債，即成為「全民的老闆」

同樣是債券，除了公司債之外，還可以考慮國家發行的國債。購買國債也等於間接成爲「他人的老闆」。

比方說你投資日本政府發行的國債，而政府用錢於民，舉凡鋪路造橋等公共建設、災區復興，乃至於最近因應疫情衝擊的振興方案「Go to Campaign」都是典型的例子。這些活動提供許多國民工作機會，進而創造社會價值。換句話說，「購買國債」讓你成了包含自己在內的「全民的老闆」。

「成爲他人的老闆」聽起來或許有點刺耳，但我的重點是要投資「能產生價值的人類活動」，也可以說是「以出資的形式和出力的人共創價值」。

除了股票和公司債，還有一種投資能滿足「成爲他人的老闆，創造社會價值」的條件，那就是不動產。

這裡的不動產泛指土地和建築。假設你買了一塊土地，蓋了一棟公寓。之後陸續有房客入住生活，有些房客上班、有些房客上課、有些房客領取年金，不過這些房客都會付租金給你這位房東（老闆）。就結果來看，你一樣成了他人的老闆，創造社會價值。

不過，投資不動產的風險，在於供需平衡可能會因人口結構變化，或新冠肺炎疫情之類的意外事態而生變，因此投資不動產時需要特別小心。

投資外匯必賺的方法是成立經紀商

至於投資外匯又如何？外匯原本是國貿公司為求結算方便、迴避匯率浮動風險而誕生的東西，簡單來說，就是「用金錢買賣金錢」的特殊交易。所以性質上、目的上都和股票、債券等「目的是成為他人老闆的投資」截然不同。不過，國貿公司本身是透過跨國買賣產品、服務來創造社會價值，所以國貿公司投資外匯，或許還和「成為他人的老闆」沾得上邊，但和國貿業務毫無瓜葛的散戶投資外匯，可就跟這件事八竿子打不著了。

外匯交易的主要獲利手段是藉由短線買賣賺取利差，不存在任何長期持有的概念。我可以告訴各位，我在這個業界打滾超過二十年，從來沒碰過「投資外匯穩賺不賠」的人。

投資外匯風險極高，就連專業投資人也經常吃大虧。雖然進出外匯市場還不至於用賭博來形容，但我認爲這些人與其說是「投資人」，更偏向「投機客」。

跟各位分享一則眞實故事。某位外匯交易經紀商的董事長曾經被問到：「能不能分享一下投資外匯的賺錢祕訣？」他的回答是：

「祕訣就是你自己成立經紀商。」

因爲你每一次買賣都要付給經紀商一筆手續費。無論你賺錢還是賠錢，只要進行交易，經紀商就一定拿得到手續費。所以成立交易經紀商是最穩健的獲利方法。

當然，投資外匯與否是個人的自由，但既然要用自己重要的財產投資，不覺得還是用來幫助人們工作，締造價值比較好嗎？我深信投資也是支持社會運作的重要活動之一，透過投資，幫助人們過上更豐富、幸福的生活。

POINT

真正的投資是
「成為他人的老闆並創造價值」！

心法13

投資的起點在於理解「何謂資本主義」

結合資本與勞力，創造利潤的經濟體系

我們都是在資本主義的經濟體系下工作和生活。但這裡我要問各位一個問題，資本主義究竟是什麼？

我們現在熟悉的「資本主義」概念，源自一八五〇年法國社會主義者路易．布朗賦予的定義。雖然是一種「主義」，但我們平常在商場上提到「資本主義」時，其實鮮少含有政治性主張或特定的思想、信念。

請將本書中的「資本主義」視爲「資本主義經濟」，或稱「資本主義經濟體系」。

13 投資的起點在於理解「何謂資本主義」

「資本」泛指經濟活動中使用的資金、資源。而「投資」顧名思義，就是將資本投入資產，獲得資本的資產再產生新的資本。這就是資本的基礎運作模式。

常聽人將經濟活動比喻爲人體，並形容「金錢是推動經濟的血液」。那麼我們理當可以說，「投資」就是將血液輸入名爲經濟的身體，增進身體活力的行爲。

資本主義出現以前，人們生產的物品和服務，只是爲了供自己或家人吃穿使用，也就是自給自足。如果想要自己沒生產的東西，就要和別人以物易物。

不過，人類的生產活動規模隨著文明進展而擴大，消費欲望也開始膨脹。於是，人們發明了「錢（＝資本）」這項方便的工具，資本主義於焉誕生。資本主義下的生產活動不再只是爲己所用，開始以供給社會消費需求爲目的，發展成「爲了獲取利潤的生產活動」。經過十八世紀英國的工業革命，資本主義的發展更加突飛猛進，形成今日的樣貌。

若要再次定義今日的資本主義，可以說是「擁有生產手段者（＝資本家）支付酬金雇用無生產手段者（＝勞工），有效結合資本家的資本與勞工的勞力，創造利潤的經濟體系」。

你也能立刻成為「資本家」！

爲什麼要突然講這些文謅謅的事情呢？因爲我上一章之所以說「選擇能夠成爲他人老闆的投資很重要」，就是基於資本主義運作原理而生的想法。

各位有沒有想過，在資本主義經濟體制下，「擁有資本」的意義有多重大？我不怕招來誤解，可以斬釘截鐵告訴大家：在資本主義經濟體制下，**成爲資本家，就是獲取龐大利益最有效的手段，也是在社會上成功的捷徑。**

左頁圖表爲一九八〇年以來的勞動報酬份額。勞動報酬份額是顯示企業產生的附加價值中有多少比例分配給勞工的指標。從圖表上可以看到，日本現在的勞動報酬份額比美國還低，也比三十年前還要低落且陷入停滯。

仔細想想，明明勞工與企業簽訂契約拚命工作，拿到的薪資卻有上限。或許勞資談判時，勞方可以爭取到基本薪資調漲，但企業增加的獲利卻不見得會

勞動報酬份額持續低迷

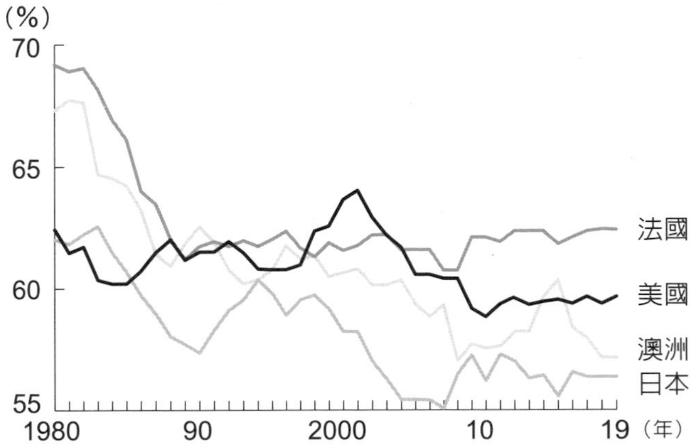

資料來源：《日本經濟新聞》，2021年2月25日，根據美國聖路易聯邦準備銀行的數據編製

如實反映在給付薪資上。我這樣定論或許過於偏頗，只是從這個角度來看，永遠身爲勞方，就是一件吃虧的事。

但也不需要怨嘆「要是生在有錢人家就好了」，像我們這種平民百姓也有機會變成資本家，方法有兩種。

一種是自己創辦公司，成爲經營者。只要事業擴大，並且成功發行股票，你的資本就會依據你持有股份的價值而增加，你也能成爲一名實實在在的資本家。

其實綜觀世界富豪排行，會發現名列前茅的都是GAFA等大企業的創辦人。他們大多爲了握穩經營權，持有大量自己公司的股票，個人資產也隨著股價上升而水漲船高。

我們看日本富豪排行也是一樣，以軟銀集團總裁孫正義爲首，緊接在後的也都是新創企業起家並成長爲大企業的經營者。

若覺得創業維艱也別灰心，我們還有另一種方法，就是成爲股東。只要購買某公司的股票，你就是名爲股東的公司老闆，也等於是資本家。股東持有的股票數量（股份）多寡也會影響權益，如收取股息，甚至過問公司經營方針。

舉例來說，如果你投資軟銀，就能夠參與軟銀的營運，形同你雇用了集團總裁孫正義。不過孫正義自己就是軟銀的大股東，所以他會不會照你的想法做事就另當別論了……（笑）

人類的經濟活動始於獲取每天的糧食，發展至今，成了複雜的資本主義經濟。

不過，資本主義經濟的背後依舊是人類「追求更好生活」的本能，這一點從石器時代起就沒有改變，大家也都是爲了這個目的而奮鬥。爲了過上更富裕、更幸福的生活，我們將努力工作的結晶化爲股票等資本進行投資，不也是相當自然的道理嗎？「選擇能夠成爲他人老闆的投資」，其實也是合乎自然的行爲。

POINT

想在資本主義經濟中獲得成功，成為資本家就對了。

心法14

挑選投資對象時，一定要將報酬換算成「年報酬率」

金融商品的報酬，基本上都是用「年報酬率」來表示

投資的世界流傳著一句話：「風險愈高，報酬愈大」。

左頁圖表爲主要投資商品的風險與報酬關係示意圖，這算最基本的投資知識。

比方說存款保障本金，因此風險較低，利息也低，即所謂「低風險、低報酬」類型的商品。而股票的風險雖然大，但股票增值時帶來的利潤（資本利得）也較有潛力，屬於「高風險、高報酬」類型的商品。

風險即「結果的不確定性」，也可視爲波動率（振幅）的大小。低風險投

投資商品的風險與報酬關係

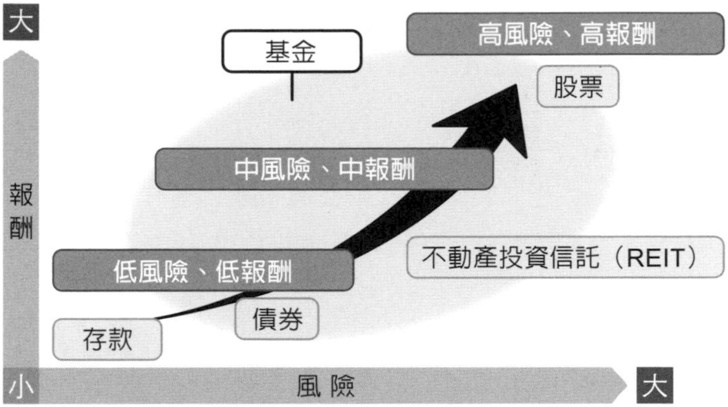

資料來源：東海東京證券

資較不容易虧損，不過獲得的報酬也較少。相反地，高風險投資較有可能獲得偌大報酬，也更有可能嚴重虧損。

但無論風險是高是低，金融商品的報酬基本上都是用「年報酬率」來表示。這是基礎中的基礎，也是投資的大重點，請各位務必牢記。什麼時候會需要換算？我們透過以下例子想想看。

假設某天，突然有個「特別」的投資機會找上你，宣稱「現在買進一檔，最低只要一百萬，錯過機會不再！」資料上看起來是一些國外強勢投資公司操作的商品，而且標榜實質保本，每月的投報率高達二〇%！

每月二〇%，算起來只要五個月就可以回本，之後便會不斷累積利潤，而且本金還有保障，的確很有吸引力。

但請冷靜一下，想想「年報酬率」。投資金融商品，報酬率超過二〇%並非不可能，比方說，根據二〇二〇年十一月三十日的資料，該月基金與股票市場報酬率排行前幾名的項目中，東京巨蛋的股價一個月就漲了二八．六%。因爲當時三井不動產宣布以一股一千三百日元的價格公開收購東京巨蛋的計畫，是東京巨蛋股價起伏最劇烈的時期。

「龐氏騙局」與「十分利」的詐欺伎倆

所以投資報酬率一時高漲的情況，在股票和一些基金上絕不稀奇。但連續好幾個月都有這麼高的報酬率就很罕見了。

聽到「每月二〇%」的時候，你腦中會怎麼計算？是不是開始思考「儲蓄利率是〇．〇一%，所以……」馬上將「二〇%」和「〇．〇一%」拿來比較？

但各位也知道這樣子比是不對的。存款的〇．〇一%利率是「年利率」，但每月二〇%則是「月利率」。如果直接換算成年報酬率，就是二〇%×十二個月，等於二四〇%。這種商品未免可疑到了極點。然而，很多人卻一不小心就被這種看似眞實的數字給騙了。

而且對方還提到「保本」，並特別加上「實質」這種此地無銀三百兩的說法……日本有保本的金融商品就只有銀行存款的一千萬日元和其利息而已。我們早該從這一點察覺「這是詐欺」！

日文中會說一起詐騙案裡有兩隻鳥，一隻是騙人的「鷺」（詐欺師）、一隻是被騙的「鴨子」（冤大頭）。奸詐狡猾的詐欺師總是搜刮財產後便人間蒸發。他們聲稱自己的商品投報率高，實際上根本就沒有從事投資，只是四處騙取錢財並給你其中的一小部分充當他們口中的配息。如果出資的人少，他們還有可能拿了錢就直接落跑。

這種詐欺手法稱作「龐氏騙局」，其名源自歷史上惡名昭彰的詐欺師。簡單來說，龐氏騙局就是利用話術引誘目標出資，並假裝從事投資（其實什麼也沒做），用騙來的錢支付出資人的配息，並透過同樣手法接連引人上當，最後騙走巨款。從一百多年前開始，美國便出現過多起相仿的詐騙案，其中以那斯達克交易所前董事會主席也涉案的龐氏騙局最爲知名。日本也曾爆出不少同類型的詐騙案，最近就連加密貨幣的市場也出現了龐氏騙局。

當然龐氏騙局最後一定會露出馬腳，詐騙集團會遭到逮捕，然而，受害人的錢往往早已不知去向，一毛錢也拿不回來。

所以各位聽到可疑的賺錢機會時，一定要先「換算成年報酬率」！別被光鮮亮麗的介紹手冊唬住，冷靜下來，仔細確認對方宣稱的報酬率是以月，還是以年計算。如此就能馬上看破對方的投資計畫多麼不合乎現實。

順便介紹一種同樣用小數字誤導對方的古典伎倆：「十分利」。有些讀者或許也曾聽過。

「十分利」是一種高利貸手法。如果以十天爲一期計算，利息一〇%，換算下來，一天的利息只有一%。假設你跟一個地下錢莊借了一千元，可別竊喜自己「一天只要還十元」，因爲這只是單日利息的狀況。如果換算成月息，就成了三〇%，換算成年息，更高達三六五%。這麼做當然是違法的，然而實際上，某些地下錢莊放貸的利息幾乎和我舉的例子沒兩樣。

其實，只要換算成年報酬率，就能發現其中的巧詐。但更重要的是，就算經濟上有困難，也千萬不可以向來路不明的地方借錢！

POINT

揭穿詐騙話術的祕訣，即將「月利率」換算成年報酬率。

心法 15

不可以被「表面報酬」蒙蔽雙眼！

利息收益與資本利得

投資的收益分成「利息收益」和「資本利得」兩種。利息收益包含配息（股票）、利息（債券、定存）或房租收入（不動產）等投資所獲得的報酬。資本利得則是股價、不動產價格等資產本身增值時衍生的利潤。

投資時必須兼顧利息收益與資本利得，綜合淨收益和資產增值帶來的利潤判斷整體的獲利能力。重點在於，最後留在你手上的「淨利」。我們透過以下範例思考一下。

投資月配息型基金的注意事項

「月配息型基金」❶從以前就很受民眾歡迎，理由不外乎每個月都能確實拿到利息收益（配息）。雖然金額不多，但較容易感覺到回饋。不過有一點必須特別注意，千萬不可以爲了眼前的蠅頭小利感到開心，因爲當你一點一點領收利息收益的同時，資本利得也可能逐漸減少，即本金淨值降低了。所以綜合兩方面來看，你的資產其實沒有增加。爲什麼會發生這種狀況？

假設你購買每單位一元的月配息型基金，總共一百萬單位（一百萬元），每一萬單位的配息爲五十元。簡單換算下來，每單位的配息金額爲〇．〇〇五元。若不考慮稅捐，一年可獲得的配息金額爲〇．〇〇五×一〇〇萬單位×十二個月＝六萬日元。年利率大約六％。

❶**月配息型基金**：按月結算，每月撥出部分收益（配息）給投資人的投資信託商品。是為滿足「希望投資的同時，每個月也能收到符合投資成效的利益」需求而生的商品。唯配息的發放與金額並非固定。

現在活存的利率差不多〇・〇〇一%，假設你存了一百萬元，稅前利息也只有十元；算起來基金的配息多達存款利息的六千倍。我能理解各位想要開心吶喊：「天啊，簡直賺翻了！」但可別高興得太早，因爲年利率六%的數字是以購買時的「淨值」❷爲基準計算的投資報酬率。

淨值即「基金的價格」，一般是以現金流量折現法❸計算得來。而基金淨值並非從你購買之後就固定了，它會根據構成每檔基金的企業狀況而變動。

假設一年後，一萬單位的淨值下滑至九千四百元，你持有的總資產就變成九十四萬元。就算加上配息的六萬元也頂多打平。若淨值下滑至每一萬單位九千三百九十元，總資產爲九十三萬九千元，就等於虧損了一千元。這種情況稱作「資本損失」。也就是說，即使你拿到六萬元的配息，整體算下來，還是有一千元的赤字。別說「賺翻」了，根本還倒虧。投資一百萬、虧損率〇・一%雖然不嚴重，但對散戶來說也是不小的打擊。

不動產投資更處處是「陷阱」

投資基金的情況還算好理解，換成不動產的話，情況就更複雜了。假設你花兩千萬日元投資東京一間套房，房租每月十萬日元，並計畫十年後轉賣給不動產公司。

根據以上條件，每年可收取一百二十萬日元的租金；假設計畫順利，十年下來，就有一千兩百萬日元。而十年後再用一千萬日元的價格賣給不動產公司，這筆投資究竟是賺是虧？

我們簡單計算：（房租收入一二〇〇萬＋轉賣價格一〇〇〇萬）－投入資金二〇〇〇萬＝二〇〇萬日元。

乍看之下好像「賺了兩百萬」！但事實絕非如此。

---

❷ **淨值**：基金的價格。購買基金時有一個基本單位，即便購買時的價格為每單位一元，基金開始運作後，單位價格也會依據操作成果而變動。

❸ **現金流量折現法**：評估企業價值的一種方法，將公司未來所能產生的價值，以自由現金流量折算成現在的價值。

首先，計算每年收益時，必須從房租中減去維護、管理費用等雜支，還有稅捐，更重要的是評估不動產「十年後的現值」。日本昭和年間經濟成長快速，土地放著不管都會增值，所以根本不必煩惱十年後的現值問題。然而，如今泡沫經濟破滅，加上少子高齡化現象，不動產價格變動劇烈，沒人能保證事情會如你所願發展。

而且投資不動產時，也經常會有不動產公司介入。代租、代管、包租、包管……方法不一，契約內容也不盡相同，狀況更爲複雜。

惡劣的案例可不是只有租客欠繳房租，還有一種常見的情況是，就算房租如實支付，也早就先被不動產公司吃掉一筆高昂的手續費。更別提你投資的物件愈老舊，自然需要花更多修繕費用（這部分一般是由屋主負擔）。

投資不動產還有太多預料不到的狀況，比方說，代租業者不願解除契約，或因爲房子綁著代租契約導致售價比預想還低等等。

就算你以爲事前都仔細聽取說明了，但外行人要參透不動產投資的機制還是不太容易。如果聽信不動產公司業務口中的「過往成功的投資案例」或「美好的（其實是過於樂觀的）投資模擬結果」，便傻傻出手，最後的下場恐怕是慘不忍睹。

我上一章說投資股票和債券的重點在於看清能否「成爲他人的老闆並創造社會價值」。

投資不動產也一樣。你投資的公寓或套房，眞的有人會欣然入住嗎？你投資的物件有辦法給房客幸福的生活嗎？投資前應該冷靜判斷這些問題。

請各位謹記，投資不動產無法僅靠眼前的數字來判斷投資是否成功。最重要的還是用知識武裝自己。

POINT

根據利息收益與資本利得（損失）衡量「最終收益」。

心法16 超低利率時代給了我們名為貸款的「魔杖」

不動產是一種高消費

我推薦的三種投資對象（股票、債券、不動產）之中，對散戶來說，花費最高的就是不動產。

左頁圖表爲東京都二十三區中古公寓的價格走勢圖。此外，根據眞心話不動產相談所（https://www.ms-souba.com/）的資料顯示（截至二〇二一年二月，近一年的市場行情），若想購買東京都內的中古公寓，主建物面積不到十四坪、屋齡將近二十年的物件起碼也要三千八百萬日元，價格不菲。如果是新房價格當然更高。就算是買來投資而非自住的套房，狀況也差不多。

東京都23區中古公寓的價格走勢圖

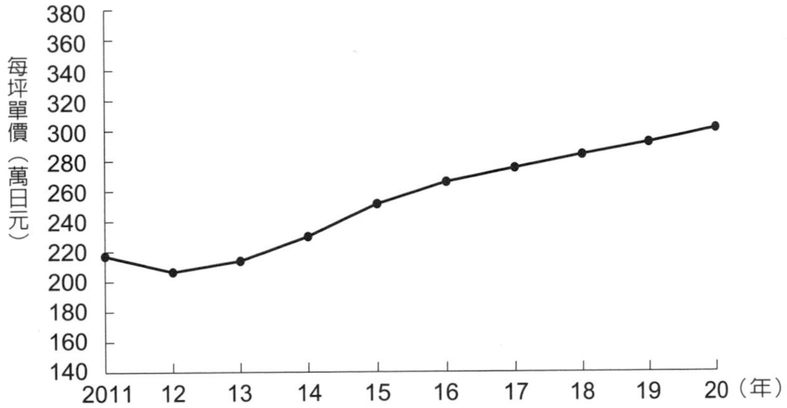

不動產畢竟屬於「高消費商品」，所以多數人購買（或投資）時都會選擇貸款。

我又要問一個問題了。假設你現在的資產足夠你買房時用現金一次付清，那麼一次付清和背房貸，也就是借錢買房，哪一種方法比較「划算」？

一次付清和貸款各有優劣，不過我們現在身處史無前例的超低利率時代，請各位以此爲前提來衡量兩種方法的損益。

「獲得的利息」低，代表「支付的利息」也低

日本泡沫經濟破滅後，利率一路下滑。雖然定存「獲得的利息」降低了，但同時，房貸等「支付的利息」也落在較低的水準。左頁圖表是民間金融機構的房貸利率走勢圖，現在的利率水準和歷史高點的一九九〇年代初期相比只有三分之一的程度，而這正是我的重點。

換句話說，在這個低利率時代，只要能借到錢（背房貸），即使原有資金不充裕，也有辦法進行高消費（購買不動產）。投資的世界稱這種做法爲「槓桿」，簡單來說，就是你借錢操作超過原有資金數倍、數十倍、甚至數百倍的投資。

槓桿不是散戶的特權，企業也經常向銀行借錢或透過舉債操作槓桿投資。利用槓桿，我們只需花費些許力氣就能舉起重物。投資時也可以運用相同概念，花費少許的個人資本（投資額）推動龐大的資本，簡直堪稱「魔法」。

尤其在這個超低利率時代，槓桿更能大顯神通。就算你借了一大筆錢，需要支付的利息也微乎其微，因此槓桿的效益遠比高利率時代還要大。

民間金融機構房貸利率走勢圖

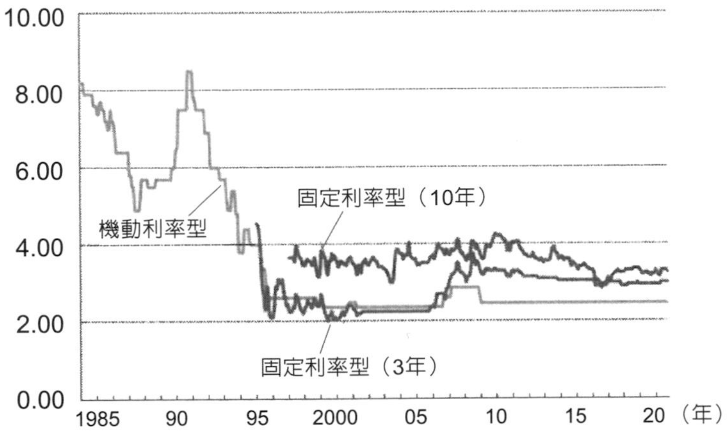

倘若投資手法高明，貸款投資不動產還能辦到「零成本獲利」。只要能藉由收租來償還每個月的利息，就能進行大規模投資，還不傷自己的荷包一分一毫。照這樣看，貸款投資不動產，可說是「無敵的魔法」。

無論如何，「借錢（利用槓桿）創造資產」確實是基本的投資策略之一。不動產本來就是適合利用槓桿操作的投資商品，只要經過縝密的市場分析、擬定扎實的長期策略，要在現代「用最小的資金發揮最大的效益」也不無可能。

外行人很難衡量「投資不動產的損益」

但俗話說「美麗的玫瑰有刺」。看似有利無害的槓桿也有其缺點和風險，那就是價格下跌的可能。前面提過，現在的情況，不動產不見得會隨著時間升值，若不動產市場疲軟，連東京都心的不動產行情也可能下滑，跌到最後搞不好比你購買時還便宜。各位千萬不能忽略這項風險。不動產價格高，相對地，跌價時的虧損額度也很大。

換個方式說，槓桿的效果愈大，因意外而虧損時的情況也愈慘重。

如同前文所說的，不動產投資有許多需要注意的地方。不動產本來就不適合短期投資，而且需要大量維護、管理費用來維持資產本身的價值，稅捐也是一大負擔。

投資時不能只關注表面的投資報酬率，必須綜合考量各項因素來判斷「損益」。但這對外行人來說實在不是件簡單的事。

如果想投資不動產，請務必考量上述情形，並了解不動產是適合長期投資的對象。

POINT

投資的槓桿效果愈大，風險也愈大。

心法 17

「債券比股票安全」？那可不一定

長期的數據會說話

其實，有些人以為的常識根本就不符合真實情況，而且這種情況還不少。投資的世界也經常出現各種「騙人的常識」，最廣為人知的例子莫過於「債券比股票安全」。

這句話真的對嗎？簡單來想，股票不保障本金，但債券一定拿得回本金，除非發行人違約。而債券的發行人大多是大企業，再不然就是國家或地方政府，這些機構整體來說信用度都很高，所以一般人會認為債券比股票安全，也是很自然的。

美國主要金融商品的投資報酬率走勢圖

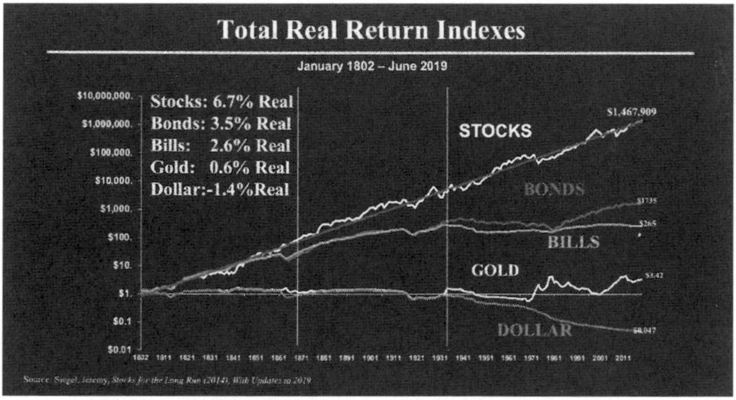

STOCKS為股票、BONDS為債券、BILLS為短期國債、GOLD為黃金、DOLLAR為美元。

資料來源：傑諾米・席格爾教授製作

不過，企業，甚至國家、地方政府也都有可能違約（債務不履行），屆時債券將會一夕之間化爲廢紙。事實上希臘就曾經發生過這種情況，日本某些地方政府也有違約的前例。世事總非三言兩語便能道盡。

那麼，眞實情況是什麼？我們再看一次〈心法11〉出現過的圖表。這是美國一八〇二年一月到二〇一九年十一月，兩百多年來主要金融商品，包括股票、債券、短期國債、黃金、美金的投資報酬率（淨利）走勢。這是賓州大學華頓商學院金融學教授，同時也是本校特聘講師傑諾米．席格爾提供的珍貴資料。

答案呼之欲出。以長期、甚至超長期來看，股票的投資報酬率最高。投資的世界中「風險＝波動率」，因此我們可以說，在長期、超長期的條件下，股票才是波動率最小、最安全的投資對象。

日本市場的情況又是如何？我們可以觀察到和美國幾乎相同的傾向。因此，「債券比股票安全」的意思，只是債券短期內的波動率較小，並不能代表長期下來的表現優劣與風險高低。

只要人口持續增長，企業就會成長，股價也會上升

股票的表現之所以領先其他金融商品是有道理的。企業發行股票是爲了成長，企業透過股票募得資金，用於營運並賺取利潤，再追求進一步的成長。除非經營失利，否則只要人口繼續增長，企業也會持續成長。因此長遠來看，股價必然持續上升。

即使日本和韓國的少子高齡化問題日漸嚴重，國內市場縮水，但南亞和非洲依舊有許多國家、地區的人口逐年增長。因此日本企業仍然可以跨國經營，持續成長。

不過有一點必須特別注意，這終究是長期下來的結論。若以短期來看，股票的確是波動率最大的投資對象。想要短線炒股，自然得背負相對的風險。各位可以回想一下巴菲特的那句話：「最理想的持股期間是『永遠』。」

補充一點。各位也要明白，債券有債券的好，那就是債券有償還期限，因此原則上你借出去的錢一定回得來。

POINT

不要盲信常識，一定要仔細驗證事實！

心法18 「分散投資比較好」可能只是一種迷信

雞蛋別放在同一個籃子裡

「雞蛋別放在同一個籃子裡」也是一則投資金句。意思是，如果你放太多雞蛋在同一個籃子裡提著走，萬一跌倒了，恐怕會摔破所有雞蛋，所以要「分裝在多個籃子裡」。但事實眞的是這樣嗎？

我們將這句話套在投資股票上想想。假設你的本金有一百萬。

先討論將這一百萬全部投資在單一股票的情況。比方說你喜歡汽車，也了解汽車，所以買了A汽車公司的股票。A公司是非常熱門的投資標的，過往成長順遂，本季財報也有望拿出亮眼成績，還預計增加股息。單就這個時間點來看，A公司是非常優質的選擇。

但就在這個時候，A公司的某車款突然發生嚴重事故，調查後發現煞車系統有重大缺陷，最後交通主管單位甚至勒令A公司大規模回收產品。偏偏出事故的車款是A公司的招牌產品，還是才剛全面升級的自信之作，因此報章雜誌和電視新聞鬧得沸沸揚揚，股市也雞犬不寧。A公司的股價連日跌停，最後暴跌了將近三成。投資這檔股票的你，資產當然也大幅減少。

換個例子。假設你一樣投資汽車公司的股票，但這次總共選了五個標的（五家汽車公司），各投資二十萬。那即使A公司的股價下跌，你的資產也不會減少太多。搞不好A公司的競爭對手B公司、C公司的股價反倒因此上漲，以整體投資表現來說並沒有損失，甚至反賺一筆（如果沒發生事故，汽車產業整體銷售狀況良好的話，當然也可預期獲利）。

這就是「分散投資」的基本概念。但光是這麼做並不表示風險對策萬無一失，前述例子有一個很大的問題，就是五家公司全部屬於汽車產業。

若非車子缺陷等特定廠商的問題，而是日元急遽升值或貿易摩擦，導致他國限制出口、提高關稅，其影響便會擴及整個汽車產業，最慘的情況就是你投資的五檔股票價格全數下跌。

分散投資時務必留意上述情形。

這並不僅限於股票投資，其他金融商品也一樣。就安全性來說，只要投資性質單一，例如同一個產業、同一個國家、同一種貨幣，風險都會比較高。

降低波動率的優缺點

但我們也要避免「過度分散」，因爲過度分散其實很危險。

常有人因爲迷信「分散投資比較安全」，結果一股腦兒將資金細分在各種商品、各種標的上。然而，過度分散資產，就沒辦法妥善掌握各個投資標的的狀況。而且雖然降低了波動率（風險），卻也讓資產更不容易累積，成長陷入停滯。這就叫懲羹吹齏、弄巧成拙，過度小心，反而模糊了投資的意義。

而且將資金分散在許多會收取手續費的商品上，如果到頭來賺的利益還不足以支付手續費，未免貽笑大方。你自以爲是保險，殊不知繳交的保費（手續費）有那麼高。簡言之，過度分散是本末倒置的行爲，也是知識不足的表現。

一名投資人所能管理的商品（標的）數量有限。因此分散投資的選項最好限於「自己了解的領域」，且控制在「不會造成自己負擔的數量」。這是最大的前提！

以我的經驗來說，股票最好限定十到二十支，老手也頂多三十支就是極限了。如果你是股票新手，建議還是從五支左右開始比較沒有負擔。

根據調查，分散投資股票，只有在約莫二十支以內才有實質效益，超過這個數量之後，就跟投資指數型基金沒兩樣，而且愈分散，效果只會愈差。如果有一檔股票的投資報酬率特別高，理論上就應該集中投資那檔股票。

巴菲特也說過：「分散投資是無知的行爲。」

POINT

投資過度分散只會淪為「保費較高的保險」！

心法19 運用資產時經常會忘記投資「自己」

自己才是價值破億的資產

人的一生可以賺多少錢？

我是指「一生所得」或說「一生薪資」。左頁的圖表應該能給我們一點線索。根據圖表一，日本學、碩士男性若全職工作至六十歲退休，不含退休金，累計所得約兩億七千萬日元。專校畢業者則約可賺兩億一千五百萬日元，高中學歷者爲兩億一千一百萬日元，國中學歷者約兩億日元。女性的部分也是學歷愈高，一輩子的總收入愈高。

圖表二則顯示了男性退休後，繼續以約聘身分工作一段時間，且計入退休

圖表1 日本人的一生薪資

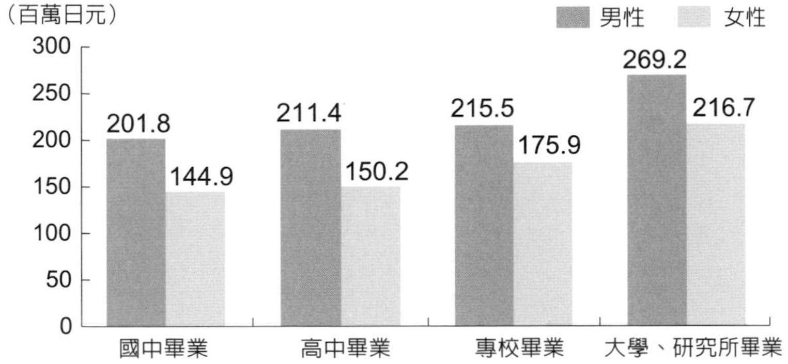

圖表2 男性退休後繼續工作的情況

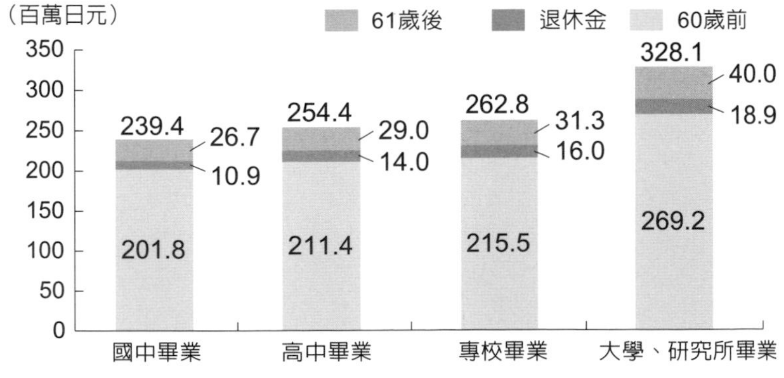

資料來源：獨立行政法人勞動政策研究暨研修機構，2017年

金的統計資料。可以看到，無論學歷高低，只要繼續工作，總資產就會持續增加。

我想說的是，人的勞動力，亦即「賺錢的能力」就是這麼驚人。實際上，不分你我、不論業種，大家每天都在掙錢。也就是說，最能爲我們帶來財富的資產就是「自己」。

然而，很多人在投資、運用資產時都會忽略這件事。不知道是完全沒想到，還是認爲自己跟資產是兩碼子事。但總之，你的投資組合之中應當包含自己這項最大的資產，這非常重要。我一再強調，投資最關鍵的是「選擇適合自己的商品並長期投資」。既然如此，投資時理應優先考量如何投資自己最了解的投資對象，也就是你自己。

對自己的投資，絕對不會背叛你！

假設你每月稅後收入有三十萬日元。投資顧問經常會建議「拿兩成出來投資」，不過這兩成的數字其實也沒什麼根據，只是多數人認爲「可以負擔的範圍」。總之，你聽從他們的建議，每個月拿出三十萬的兩成，也就是六萬日元出來投資。

問題是「要投資什麼、投資多少」。如果是你會怎麼做？買股票？基金？還是債券？要選擇什麼當然是個人自由，不過我希望各位優先「投資自己」。具體方法如報名專校或函授教育，取得學位或證照，又或者下班後上MBA在職專班……你可以爲了當前工作提升個人技能，也可以爲不久後換跑道做準備，怎麼樣都好。哪怕是和工作無關的興趣，例如閱讀專業書籍、培養一技之長、和一群同好參加導覽活動，都是能「豐富人生」的重要自我投資。

持續努力，你對自己的投資總有一天會開花結果。例如高中畢業後就出來工作的人，只要上大學的在職專班，畢業後即可拿大學文憑找工作，領大學學歷的薪資，一輩子的總收入也會因此而不同。我們先撇開學歷和男女差距之類的社會問題不談，前面的一生薪資圖表就清楚證明了我說的話。

自己，是我們最熟悉、也最有潛力的投資對象。就算每次金額不多也沒關係，只要持續投資自己，並且腳踏實地努力，就是所有增加資產的方法中，最安全且確實的做法。各位務必深刻了解這一點。

最後送各位一句巴菲特發人深省的名言：

「對自身的投資即便再高也不會被課稅、不會受到通膨影響，一輩子都不會離你而去。」

POINT

最能幫自己賺錢的投資對象，就是「自己」。

心法 20 根據「好球帶理論」挑選投資對象

好打的球與難打的球

在職棒的世界，懂得鑽研對戰投手的球種、配球、習慣，並且看穿球路的打者才能大放異彩。一流的打者會篩選自己好打的球，看到壞球不會出棒，靜待「能夠確實擊中的球」出現在好球帶再揮棒，所以能產出驚人打數。

我不確定棒球教科書上怎麼稱呼這項基本到不能再基本的打擊理論，但我自己是取作「好球帶理論」。

「好球帶理論」也可以套用在投資上。「壞球不打，好球穩打」是減少出局（虧損）、增加安打（獲利）的最佳辦法。

那麼何謂投資上的「好球」？基本上就是「有能力使資產成長的投資對象」，除了股票、債券、不動產這三者之外，其他投資對象都應視為不需要、不可以出棒的壞球。

試想一下，加密貨幣對你來說是「好球」嗎？曾經暴跌的比特幣最近因飆漲而成為當紅炸子雞，但我無法確定這種加密貨幣未來是否會繼續成長，也不知道該從何進行分析，畢竟我實在不認為這是一項能夠成為他人老闆的投資。

我在四分之一個世紀以前開始投資時，還沒有加密貨幣，也沒有外匯。這類相對新穎的金融商品至今仍未成熟，投資的機制、規則也尚未確立。這代表我們還無法參透這些投資對象的本質。

確實也有人操作加密貨幣和外匯交易獲利，或許你也聽過身邊朋友吹噓自己「大賺了一筆」（但我認為那只是一次偶然），千萬不可以被這些炫耀給影響。心裡躁動時，先做個深呼吸，回想一下「好球帶理論」。面對投機性這麼強的對手，你眞有辦法看清球路，挑中好球並敲出安打嗎？

我不厭其煩提醒各位，投資不等於投機。只要洞察投資對象的本質，你就不會對壞球出棒，也能避免揮棒落空。看準球種，自然就能篩選出要打的球。

相信未來還是會出現一堆號稱「新時代投資商品」的新型金融商品，各位千萬不可被動聽的文宣和一時的成功經驗談牽著鼻子走，請確實分析那些商品的本質。

股價變動是因為「企業價值 × 投資人心態」

洞察本質對於投資股票和債券來說同樣重要。

前巨人隊球員、橫濱DeNA海灣之星隊教練中畑清主持一個電視節目，我曾經上節目分享投資的基本概念。當時我列出投資的三個要點，第一點是「了解規則」、第二點是「研究對手」、第三點是「危機即轉機」。

第一點的「了解規則」就是這裡所說的。我在節目上用「規則」來簡化這個概念，但「本質」才是最精確的說法。了解本質，是投資的關鍵。

例如投資股票時，我們沒必要每天死盯著股價浮動窮緊張。因爲股票的本質在於「企業價值」，但市場上的股價不光是由企業價值決定，也受到投資人心理（市場心理）影響，因此每天都會變動。詳細後文會再說明，總之，影響股價漲跌的原因千百種，有時也可能因爲與企業本身價值無關的投資人思緒或臆測而變化。因此，投資股票不要慌，也不要跟隨他人起舞，專心剖析本質就對了。

POINT

想要提升打擊率（成功率），得學會篩掉壞球！

心法 21 「大量吸收」是學習投資的唯一途徑！

學習投資，視同準備升學或證照考試

「投資怎麼學？」

常有人問我這個問題，我總會反問：「你以前是怎麼準備升學考試的？」不外乎選定志願、訂立目標，針對目標苦讀大量參考書、做大量模擬題和考古題，不知道答案或答錯時就再複習一次，並且不斷重複這樣的過程吧。準備證照考試時也差不多。

學習投資也一模一樣，只有認眞再認眞！沒有付出絲毫努力、腦袋空空的上考場，怎麼可能考得過？每一個考上目標學校的考生都經歷過一番苦讀，運動界和藝術界也一樣，必須挺住嘔心瀝血的練習，才有機會站上甲子園、在大賽中拔得頭籌。唯有做好萬全的準備，才能締造優秀的成果。

如果說升學考試的終點是考上你理想的學校，那麼學習投資的終點當然是「讓資產成長」。怎樣的學習方式才能幫助我們達成目的？

你必須吸收大量知識和資訊。從報紙、網路新聞、社群媒體蒐集情報，還要廣泛閱讀、多聽專家的意見，增加自己的所見所聞。總之，就是吸收、吸收、再吸收！學習投資的不二法門，就是「大量吸收」。

每天早上看新聞、上網確認IR資訊

我每天早上起床後會立刻打開手機，瀏覽《日本經濟新聞》（電子版）的主要報導。除了國內外市場最新動態和經濟、商業消息之外，連政治、社會、科學、娛樂、運動版的新聞也不會放過。我這項例行公事已經持續好幾十年，幾乎成了一種下意識的習慣，即便身體不適、宿醉頭痛，又或者忙於準備當天的工作，也不會偷懶。或許一開始會有點辛苦，但只要持之以恆，自然會養成習慣，這是我根據個人經驗得出的結論。

此外，我還會確認企業的IR❶資訊。除了投資的企業，也盡可能多查閱強勢企業、焦點企業的官方網站，仔細閱讀最新的IR資訊，試著以自己的觀點分析。這也是大量吸收的基本手段之一。

不少參加本校線上課程的學員起初不太熟悉專業術語，聽到PER❷（本益比）、B/S（資產負債表）、P/L（損益表）、DX（數位轉型）之類的英文縮寫就心生抗拒，有些人還因此失了幹勁。

不過各位一定要撐住！倘若缺乏正確的知識和資訊，再怎麼練習也不會進

❶IR：投資人關係 Investor Relations 的縮寫。企業在進行任何會影響投資人投資決策的活動時，提供給股東與投資人參考的資訊。

❷PER：本益比 Price Earning Ratio 的縮寫，是判斷股價昂貴或便宜的指標。顯示股價為「每股盈餘」（EPS）的多少倍，從利益的觀點來判斷「股價便不便宜」。一般來說，本益比高，代表股價之於利益相對昂貴，本益比低，則代表股價相對便宜。

步。練習沒有成效的人，往往是因爲練習的方法不對。必須確實掌握規則和基本概念，不斷研究、嘗試。無論哪個領域都只有這一套「勝利方程式」。

可能有人會質疑我：「就算吸收了再多知識和資訊，我們又要怎麼判斷到底正不正確？」

確實，很多投資專家說的話可能完全相反，報章雜誌對於同一家企業的財務報表評價也經常分歧，加上書店裡賣的投資和商業書籍也各有主張，有時難免令人無所適從。

不過，只要持續累積知識量、資訊量和經驗，慢慢就會知道什麼是對的、誰的意見比較符合自己的投資策略。

重要的是「內化所學」。建立適合自己、屬於自己的獨一無二投資方法。

這當然不是件簡單的事情，爲此我們必須實戰演練，應用我們所吸收的投資方法。我們要不斷嘗試，從諸多失敗中學習教訓，找出適合自己的答案。這是學習投資唯一的正確方法。欲速則不達，學習無捷徑。

POINT

欲速則不達。先養成獲取知識和資訊的習慣！

心法 22

投資就像做菜，只要掌握基本，即可自由發揮

怎樣才燒出一道好菜？

我們再多談談「學習投資的方法」。我想再舉一個例題，幫助各位找出更好的答案。

假如你想精進自己的廚藝，你會透過什麼方式學習？

一般來說，不外乎買食譜書、報名料理教室、下載食譜APP查詢做法，或是上 YouTube 等影音平台看影片模仿別人。

所有方法殊途同歸，最後總要「自己做做看、吃吃看」。換句話說，這也是「吸收知識、資訊後再應用（＝實際投資）」的過程。

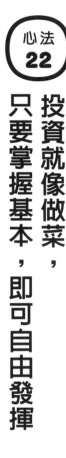

但問題是，要選擇哪一份食譜（做法）。例如你想借助食譜ＡＰＰ做蛋包飯，但搜尋食譜時卻跳出幾十、幾百份食譜，要選哪個好？

懶一點的人可能會直接認定「最先看到的肯定最好吃」，二話不說就照著食譜做。但仔細想想，這個選擇眞的正確嗎？搞不好還有其他更精細、更好吃的食譜，或是做法簡單又合你胃口的食譜。如果眞的想做出好吃的蛋包飯，而且還是自己喜歡的味道，是不是應該研究得更仔細一點，並試過幾種做法後才會熟能生巧？

吸收資訊的重點就在這裡。

取得資訊的管道很多，但最終目的都是「想向料理專家學習、看齊」。所謂的專家並不限於職業廚師或料理研究家，還包含了民間高手。例如對料理有興趣並認眞磨練自己手藝的人、爲丈夫和孩子做了數十年便當的勤奮家庭主婦。ＡＰＰ上也刊登了許多這些「無名專家」的傑出、得意之作。

不是只有專業投資人才是「專家」！

說回投資。吸收投資知識、資訊的最佳方法同樣是「向專家學習」。不過投資和做菜一樣，不是只有操作大型基金的基金經理人或外匯交易員才是「投資專家」。我前面也說過，世上沒有百戰百勝的基金經理人，金融機構的理專也不見得具備豐富的投資涵養。

反倒是民間有不少長年持續小額投資、開創獨門投資哲學或方法的投資老手，好比那位每天調查超市的商品架並投資有成的老婦人。現代我們也更容易透過社群媒體、部落格、雜誌等途徑學習這些無名投資人的方法。你我身邊就有許多楷模，希望各位不要怕辛苦，積極地大量吸收。

單論先吸收、後應用的順序，投資和做菜確實有異曲同工之妙。做菜做出一點心得後，也會養成自行改編食譜的能力，創造屬於自己的做法，比方說，「在這一步加點紅酒，味道會更有層次」「最後撒上這個，看起來會更華麗」。前面看到我說「要建立屬於自己的獨一無二投資方法」就嚇到的讀者，聽了說明後，是不是覺得沒那麼恐怖了？

新冠肺炎大大打擊全球經濟，動盪恐將持續數年。包含航空業在內，部分產業都有一些知名大企業遭受致命打擊，但也有不少業種和公司因禍得福。比方說，由於很多醫院、診所暫不開放一般門診，醫療、健康領域的新創企業便有機可乘，藉由供應線上看診系統，快速成長。許多餐飲店不敵疫情而歇業，某些外食連鎖店趁機攻占這些店面，積極進軍東京都心。很多人早已洞見「後疫情時代的新日常」，迅速展開布局。

投資的世界有句名言：「危機就是轉機」。現在正是學習投資知識並親身實踐的大好時機。抱持這樣的心態學習投資也會更加有趣。

POINT

自行改編高手的做法，就能創建個人流派。

心法 23

投資的動力源於「必要性」

設定可以給自己動力的目標

人要有目標才會努力，例如學校社團活動的目標是「參加縣賽」、準備考試的目標是「考上理想的學校」、工作的目標是「拿下部門業績第一」「未來成立自己的公司」。人都會爲了具體的目標付出努力。無論做任何事，「動機」（構成誘因的目標）都是推動人前進的原動力。

在動機理論中，動機意味著「誘因的強度」，可以表示爲「期望×效價」。期望代表「對於努力所能得到的收穫的渴望程度」，效價則代表「對於努力所能換取的報酬的主觀判斷價値」。簡單來說，動機就是，相信「付出多少努力，就會有多少回報」的程度。

動機在投資上至關重要。如果只是模糊地想著「好想變有錢」，並不會產生學習動力，即使開始學習，也會慢慢失去興趣。因此，在開始投資之前，必須先擬定明確的計畫，弄清楚自己是爲了什麼（目的）、要投資多久（期間）、想獲得多少資產（金額）。

每個人的投資動機都是依自己的生活型態和生涯規畫而定。比方說，單身者的投資動機可能是「想買重型機車」「想存結婚基金」，有家室的人可能是「買房」「準備孩子的教育費」「保障自己年老時的生活費」。最近很多保險公司和投資顧問公司也經常在電視廣告上宣導「爲人生百歲的長壽時代做好準備」。

有了明確的目標，才有辦法設計具體的投資計畫。目標是希望十年後擁有一千萬還是五千萬，投資的方法也不一樣。這一切都跟動機有密切的關係。簡單來說，有必要性的投資，才能催生動力。

但要維持投資的動力並不容易。若隨便訂一個高不可攀的目標，很有可能因爲力不從心，最後淪爲紙上畫餅。

日本金融廳的資產運用模擬

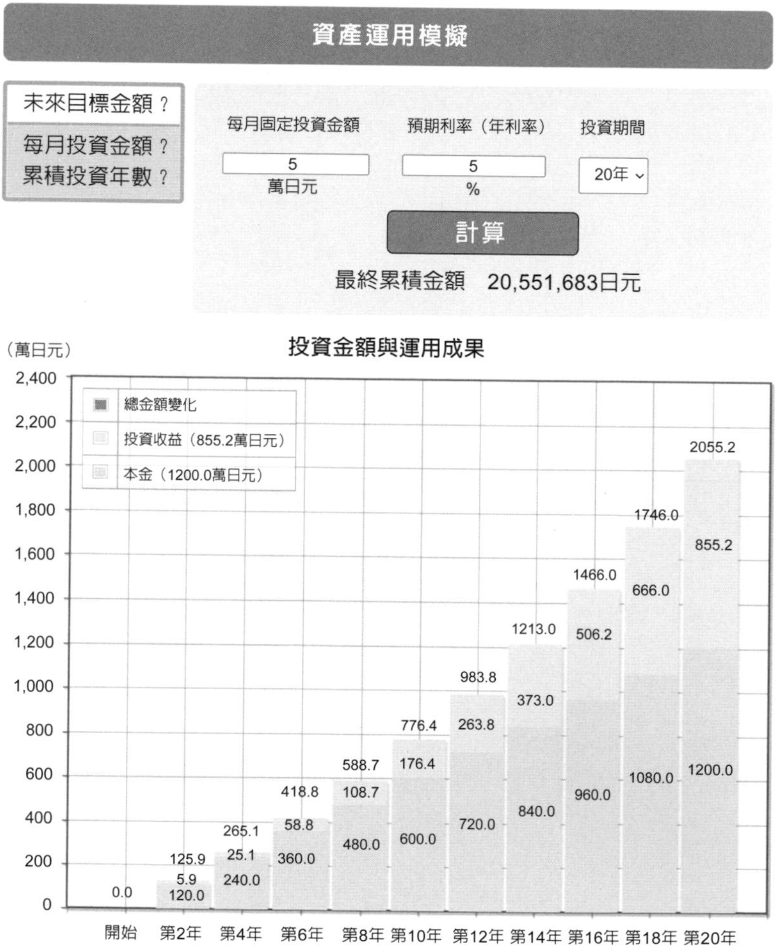

資料來源： https://www.fsa.go.jp/policy/nisa2/moneyplan_sim/index.html

模擬，是投資計畫的「路標」

因此我推薦各位多多利用資產運用模擬。右頁圖表摘自日本金融廳官方網站，許多銀行、證券商、保險公司的網站也都有免費提供類似的軟體，各位可以善加利用。

這些軟體都很方便，像是金融廳的資產運用模擬，只要簡單輸入「每月固定投資金額」「預期年投報率」和「投資期間」，系統就會替你模擬投資計畫，算出預估收益。

運用模擬最大的好處，在於讓你的生涯規畫「看得見」。雖然試算終究只是試算，實際情況不見得會如預期發展，但起碼可以作爲你未來運用資產的「路標」，請各位務必嘗試看看。

關於動機，也有一點希望各位注意。我常常聽到人們說：「我要努力投資！」但努力的念頭先跑出來的話，之後往往不會順利。先前提過的老婦人，想必也是先對觀察超市商品架和製造商產生興趣，才開始投資的。光靠努力無法長久維持動力，千萬別忘了要樂在其中。

POINT

維持動力的不二法門，就是讓目標「看得見」！

心法24 資產累積的過程分成「培養期」和「維持期」

先培養資產

上一篇我們說在開始投資之前，必須先有明確的目標，知道自己什麼時候、爲了什麼要用錢。

也就是說，我們需要設定「投資的終點」。如果只是爲存錢而存錢，就算存了一億或十億也沒有任何意義和價値。或許有人望著鈔票山會覺得很幸福，但我要給各位一個重要的建議：

請爲了用錢而存錢！

資產需要足夠的時間才會增加。若追蹤資產累積的過程，會發現，剛開始投資時，資產有好長一段慢慢成長的時期，我稱之爲「資產培養期」。這段時期請積極投入資金，努力增加資產。

當資產成長到一個階段後，就是用錢的時候了。在花用儲蓄的同時，也要妥善管理資產、調整投資，盡可能避免總資產減少。這段時期我稱作「資產維持期」。

從資產培養期到資產維持期，需要多少時間因人而異，這關乎本金和目標金額的多寡、開始投資的年齡、預計投資期間、選擇的金融商品，以及用錢的目的。

資產累積的歷程其實和企業的成長過程很類似。

在企業草創之初，一定要先爲未來的發展做前期投資，逐步成長。進入成長期後，也要再進一步投資，然後才進入穩定期。要是在該努力成長時疏於前期投資，也規畫不出未來的成長策略，企業就會走下坡。

亞馬遜公司在創業初期也毫不在意帳面赤字連連，積極做前期投資，爲未來的成長奠定穩固基礎。

投資亦然。

先培養資產很重要。可別因爲賺了一點錢，就開開心心花掉，這樣永遠也到不了終點。

進入資產維持期後，投資重心從股票轉向債券

爲了讓各位對資產培養期和資產維持期的概念更有感覺，這邊我用上一篇日本金融廳的「資產運用模擬」試算範例來說明。

假設目標是「存下老後生活費」，每個月投入五萬日元，進行年利率五％的投資，持續二十年。這樣本金爲一千兩百萬日元（五萬×十二個月×二十年），二十年後，總資產將累積至兩千零五十五萬日元。

日本金融廳曾拋出震驚社會的「老後兩千萬問題」，即政府試算過後發現，夫婦兩口家庭老後的生活費約兩千萬日元，然而現行年金制度卻給不出這麼多錢。不過上述的投資範例倒是突破了這個數字，代表資產培養期的投資策

「資產培養期」與「資產維持期」

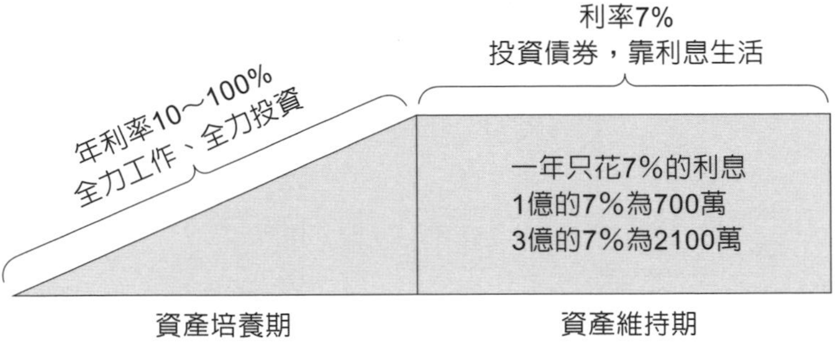

略是成功的。

但可別以爲這樣餘生就安泰了。從第二十年開始，我們必須轉換投資方針，避免培養起來的資產縮水。資產培養期的投資重心應擺在投報率相對優渥的股票，資產維持期則轉向風險（波動率）較小的債券。這是最中規中矩的做法，國外私人銀行也經常採用這種理財規畫。

見上圖應該就會明白爲何在資產培養期不該花用累積下來的錢。起初的五年、十年，財富增加速度緩慢，但長時間下來，十五、二十年後，也會形成一筆可觀的資金。這就是〈心法11〉提過的複利魔法。所以爲什麼不能花？因爲這段時間累積的基礎資金還不足以在未來形成豐碩的果實。

細心呵護、管理周全的果樹，即使在成長過程中碰上惡劣的天候或蟲害，仍會繼續茁壯，最後結實纍纍。農民在過程中傾注的心力，都會直接影響果實的大小、味道、品質。

金錢也一樣，重要的是以長遠的眼光耐心培育。只要培養期好好照顧，即便有個萬一，狀況也會復原。請各位務必沉住氣，心情不要隨著市場價格變化起起伏伏、坐立不安。

POINT

盡心盡力呵護的金錢，才會結出飽滿的果實！

心法25

評估投資風險時可以參考「信用評等」

發行債券的企業與國家有多值得信任?

進入資產維持期後，基本上投資的重心就要從股票等追求較高收益的金融商品，轉向定存或債券等相對穩定的商品。理想來說，年利率至少要有五%才能維持過往累積的資產。然而，日本現在正處於史無前例的超低利率時代，要找到這種投資對象並不容易。那麼我們究竟該如何挑選投資對象?信評機構的「評等」會是一項參考基準。

評等是評斷債券發行人信用程度的指標，全名爲「信用評等」。債券發行人就是發行公司債的企業或發行國債的國家政府。雖然每家信評機構的做法不盡相同，不過一般來說，最高評等是AAA，往下依序是AA、A，再低一些則以B、C、D來表示。也有一些信評機構第二個字母不是用大寫的「A」，而是用小寫的「a」或「＋」「－」之類的符號。儘管每家公司都有自己習慣的標記方式，但基本上無論外資還是日資都大同小異。

信評機構大多是民間公司，但原則上都會站在第三者的立場進行客觀評價。信評機構有時會接到發行機構的申請而評級，有時也會自行替發行人評級。後者從發行人的角度來看，是無主動申請卻被評鑑，故也稱作「被動評等」。外資或日資的信評機構在日本都有好幾家，前者代表如美國標普全球評級公司（S＆P），後者代表如日本格付研究所（JCR）。

活用評等範例1——高收益債券（垃圾債券）

投資人該如何活用評等？這裡我用債券型基金中的「高收益債券」為例來講解。顧名思義，高收益債券就是高利率、低評等的債券，外號「垃圾債

信評符號一覽表與其代表意義
（以標普為例）

投資等級	AAA	履行債務能力極高。標普的最高評等。
	AA	履行債務能力很高。
	A	履行債務能力高，但容易因營運狀況、外在經濟狀況惡化而受影響。
	BBB	履行債務能力及格，但很有可能因為外在經濟狀況惡化而降低。
	BBB－	從市場參與者的角度來看，投資等級中最低的評級。
投機等級	BB＋	從市場參與者的角度來看，投機成分較強，但在投機等級中，投機性最低的評級。
	BB	短期內體質尚屬健康，但面對營運狀況、財務狀況或外在經濟狀況惡化，有較高的不確定性。
	B	現階段雖具備履行債務能力，但若碰上營運狀況、財務狀況或外在經濟狀況惡化，償還能力與意願容易降低。
	CCC	債務人現狀虛弱，僅營運狀況、財務狀況及外在經濟狀況皆良好的條件下具備履行債務能力。
	CC	債務人體質非常虛弱，雖尚未發生，但可預期債務不履行的結果。
	C	債務人處於隨時可能債務不履行的情況，相較於更高評等的債券，回收率更低。
	D	已出現不償還債務、違約的情形。申請破產或類似手續的機構也適用「D」評級。

從「AA」到「CCC」等級中，有時會加上正號或負號，代表相對強度。

券」。一般來說，判斷一個債券值不值得投資的界線在於BBB、BB之間，高於BBB者「適合投資」（投資等級），低於BB者「不適合投資」（投機等級）。

垃圾債券就是評等在BB以下的債券，通常違約風險較高，但也比高評等債券擁有更好的利率。

以軟銀集團爲例。軟銀是日本赫赫有名的企業之一，舉手投足都牽動日經平均指數。針對他們二〇二〇年十二月的公司債，標普給出「BB+」的評等，而日本格付研究所則是「A－」。日資信評機構對於本國債券發行者的評等通常會比外資來得寬容一些。不知是因爲護著自家人，還是因爲比較熟悉日本國內的狀況，關於這一點衆說紛紜。

無論如何，許多上市企業都會公開自己的評等。軟銀集團即使被評定爲垃圾債券，仍大大方方公布在自己的官方網站上。理由也不確定是因爲對自己的經營能力有信心，還是藉由開誠布公以提高集團的信任度。然而，有些上市企業雖然公開評等，卻只挑評價高的公布。就這方面來說，軟銀集團確實挺光明磊落。

這些評等代表的意義全看你怎麼解讀。你可以先蒐集、分析大量資訊，再判斷自己該不該投資。評等就是幫助你決定投資與否的參考指標。

活用評等的範例2——把錢存在國外銀行

再舉一個例子，假設你考慮將錢存在國外的銀行。把錢存在銀行，時間愈久或金額愈大，利息也愈多。然而，根據我個人調查日本國內的情況，就連五年定存利率最高的日本歐力士銀行，年利率也只有〇・二八％（截至本書出版前），這個數字實在不足以維持資產。

於是，也出現了將錢存在國外銀行的選項，例如柬埔寨的阿客萊達銀行（ACLEDA Bank）。這是一九九三年由聯合國開發計畫署（UNDP）和國際勞工組織（ILO）爲增加當地所得和工作機會而設立的非政府組織，二〇〇三年十二月也取得了商業銀行的執照。觀察出資的企業會發現，日本三井住友銀行和歐力士銀行皆有出資，額度各占一八・二五％、一二・二五％。

阿客萊達銀行的美元定存，最長可以存六十個月（五年期），年利率高達六．五％（截至本書出版前）。這個數字對於住在日本的我們來說簡直難以置信，而且存的還是世界貨幣美元。該行的沿革和背後出資的企業仍屬商業銀行性質，所以我們也可以在日本開設帳戶，或申辦VISA、MASTER信用卡和日本常用的JCB簽帳金融卡。

但缺點還是有的。柬埔寨屬於開發中國家，因此信用評等絕對高不到哪去。阿客萊達銀行所公布的大宗機構信評等級都在「B＋」和「BB」之間（截至本書出版前），代表可信度頂多「勉強過關」。

柬埔寨政府本身的信評等級也確實不高，簡單來說，就是「國家風險」較高。而且存美元，還牽涉到匯率等其他風險，所以到底該不該投資，雖然這麼說有些不負責任，但終究還是要由你自己決定。

如上所述，信用評等在我們思量投資和資產運用時大有幫助，各位可以記在心裡。只不過，評等也不能代表一切。

第一，我說過，即使是同一家企業、同一檔債券，不同信評機構也經常給出不一樣的評價。第二，評等隨時會因企業經營狀況、外在經濟情勢而變動。

昨天還是ＡＡＡ的公司，也很常一夕之間就降級成Ａ或ＢＢＢ。

就算獲評為ＡＡＡ的企業也並非不可能倒閉；反過來說，被評為ＢＢ以下的企業也並非全都會違約（債務不履行）。信用評等充其量只是一項參考標準。

唯有一點千萬不能忘記：高報酬經常伴隨著高風險。投資時應使出渾身解數，仔細分析各種潛在風險，尤其當你處於資產維持期，釐清風險更為重要。

POINT

高報酬與高風險經常是一體兩面！

心法26 根據年齡計算資產分配比例

從自己的年齡思考三種投資商品的性質

投資勢必得面對「資產分配比例」的問題。經常聽人說，金融商品可依性質分成「流動性商品」「安全性商品」「收益性商品」。我們應根據自己的生涯規畫，分散投資於三種商品上。

「流動性商品」指現金、存款等可隨時應需求變現的金融商品。「安全性商品」主要指國債等各種債券。「收益性商品」則泛指股票、不動產等風險較高的金融商品。各位也可以簡單視爲〈心法13〉說明的低風險低報酬型、中風險中報酬型、高風險高報酬型。

根據年齡計算資產分配比例

根據年齡，計算資產配置中收益性商品的可能占比

120－年齡＝收益性商品的占比（%）

例）30歲的人，收益性商品的占比為：120－30＝90%
　　70歲的人，收益性商品的占比為：120－70＝50%

那麼，我們要如何分配投資的比重？

這其實沒有正確解答。

我認識的專業理財規畫師和理財顧問也是各執己見，有些人採取教條式的標準方法，有些人則偏向積極運用的態度。實際上並沒有一套人人適用的公式。

我們先暫時撇除人生計畫的要素，單純從投資「收益性商品」的角度來講解其中一種有跡可循的方法：根據年齡計算資產分配比例。

這個概念是根據投資人的年齡，判斷資產配置中收益性商品可能的占比。我們可以透過公式「一二〇－年齡」計算不同年齡時收益性商品的可能占比，例如三十歲的人，投資收益性商品的占比爲九〇％；七十歲的人，投資收益性商品的占比爲五〇％。

很久以前，這套公式的基準數字是一〇〇，而不是一二〇。然而，隨著平均壽命增加、退休年齡延後，現在都改以一二〇計算。所以若看到資料上面寫著「一〇〇－年齡」，代表那是比較早期的版本。我們要隨著時代進步，參考最新的資訊。

各位可能會很訝異，想不到老年時，收益性商品的占比還是這麼高。不過又爲什麼這套方法在這幾年開始逐漸受到矚目？

沒有任何存款的利率追得上物價上漲速度！

追根究柢，是因爲大家都在思考如何爲物價上漲做好準備。

理論上，物價只會漲不會跌。如果存款利率追得上物價上漲速度，那就沒什麼問題，但考量到經濟運作的模式，這根本不可能。銀行是運用各位的存款來獲取利益，並撥出部分利益支付利息，所以利率一定會比物價上漲的幅度還低，否則銀行根本經營不下去。

尤其日本正值活存年利率僅〇・〇〇一%的超低利率時代，就算存了一百萬，一整年下來，利息也只有十元，扣掉所得稅後，只剩下八元。

那麼投資股票的情況又如何？

比方說，美國代表性的股票指數標普五百指數基金，從一九七三年至二〇一八年這四十五年來，平均年報酬率就有七・一%。

但這只是平均利率，股價在短期內還是會有劇烈波動，而且投資標普五百指數基金時，也必須考量匯率風險。不過，以長遠的眼光來看，股票的平均投報率幾乎不會低於儲蓄利率。

日本的股票也一樣。

雖然日本有泡沫經濟、泡沫破滅，還有俗稱「黑田火箭筒」的日銀長期低利率政策等特殊背景，不過日經二二五指數自二〇〇〇年十二月底到二〇二〇年十二月底，二十年來的平均年報酬率仍有三・五%。至少就十年以上的長期來看，股價還是比以前高。

現在的投資理論和以前截然不同，近年比較鼓勵投資人積極背負風險。我並不是替這種做法背書，但在做資產配置時，前述的資產配比公式仍可作爲衡量的基準。

所以無論是年輕或已屆中高年的讀者，都可以參考這套方法，依據自己的年齡，探討不會對自己造成負擔的資產配置方式。

POINT

做資產配置時，也要考量到物價上漲的幅度！

心法27 投資對象局限於美國和自己國家就夠了！

別投資自己不熟悉的東西

曾經有位年事已高的客人找我諮詢一件事：

「我買了理專推薦的基金，因為對方說這個國家正在成長。可是那檔基金卻一直跌，該怎麼辦才好……」

我要再次強調，千萬不可以完全聽信理專的話。根據我的經驗，他們手上是握有大量商品沒錯，但幾乎沒有人能夠推薦眞正適合你的商品。

但這也不能全怪金融機構，他們有他們的立場，自然會盡可能推銷他們想賣的「本月促銷商品」。我這麼說可能不太中聽，不過在這種情況下，未經思

27 投資對象局限於美國和自己國家就夠了！

考就決定投資的那位諮詢者才是最不應該的人。

各位平常買東西時會怎麼買？好比說，你到附近超市買晚餐的食材時，應該也會考量價格貴不貴、品質新不新鮮、營養均不均衡、好不好處理等各種因素來決定菜色吧。

然而，換成投資時，有些人卻不會像這樣三思而後行，偏偏這種人碰到商品價格下跌時又最會抱怨。這種人不願靠自己努力，缺乏知識，會投資失利也是在所難免。如果眞的無法自行判斷理專推薦的商品該不該購買，也可以請教認識的投資前輩或理財規畫師等專家（而且最好不要只找一個）。重要的是認眞蒐集資訊、認眞研究。

千萬別投資自己不熟悉的東西！這是投資的一大原則。

那麼，我們到底要投資什麼才對？基本上，投資對象僅限於「能隨時隨地取得確切資訊且值得信賴的國家與該國的企業」。具體來說，「只選美國和自己國家就夠了」。理由很簡單，美國是世界首屈一指的經濟大國，而且政經文化都和日本關係匪淺，也是能獲得最多確切資訊的外國。而日本是我們自己居住的國家，我們對於自己國家的語言、習慣、國情自然瞭若指掌。

你以前聽過那些開發新冠肺炎疫苗的企業嗎？

二〇一九年，國內生產毛額（GDP）全球排名前三的國家依序為美國、中國、日本。在國際流通貨幣方面，美元仍穩坐世界基準貨幣的寶座。根據環球銀行金融電信協會（SWIFT）二〇一六年十二月的報告，用於支付貿易款項的所有貨幣中，占比最高的是美元，高達四二．〇九％。居次的歐元占三一．三〇％，日元僅占三．四〇％。現階段來說，美國的經濟實力依然傲視群雄。

或許有些人會反駁我：「第二名的中國氣勢洶洶緊追在後，而且中國又是日本的鄰國，我們對中國也很熟悉，阿里巴巴、華為等大企業的資訊也滿透明的，不是嗎？」然而，中國發布的資訊仍有一些不確定性，而且也很難預測他們經濟政策的未來發展。站在投資人的角度來看，目前中國仍不像美國、日本一樣稱得上「值得信賴的國家」。

歐洲怎麼樣？我們也有辦法即時獲得英國、德國、法國等大國的資訊，這些國家也有許多知名大企業。然而，和美國相比，歐洲依舊有一段資訊落差。

以下舉個例子讓各位體會一下。

新冠肺炎疫苗的開發大多是由歐美企業領跑，很多讀者以前可能也曾聽過美國輝瑞，但英國阿斯特捷利康（AstraZeneca）倒是頭一次聽說。總之，關鍵在於「熟悉度」。

輝瑞是道瓊指數三十支成分股之一的大藥廠，面對疫情甚至拒絕美國聯邦政府資助，獨力開發出疫苗，再一次彰顯其雄厚的資本與強勁的研發能力。而且瑞輝的疫苗除了供給美國本土之外，也送往英國、日本等全球各國，代表公司的營運策略具有國際觀。

由此可知，道瓊指數的三十支成分股，每一支都是出類拔萃的企業。道瓊指數雖然只涵蓋三十家公司，總市值卻超越日本所有上市企業的總和。而且每一家企業都跨足國際，透過美國以外的市場創造利益。既然已經有資訊如此透明公開的投資對象，又何必冒險投資自己不熟悉的國家或企業？更何況你還是個投資新手呢。

POINT

不要對自己不懂、不熟悉的事物出手！

心法 28 投資美股只要選擇「知名大企業」

容易獲得資訊的國際企業

上一章寫到「投資對象局限於美國和自己國家就夠了」，那麼，到底該選擇哪幾支股票？我們先探討美股的部分。

美股相對來說容易一些，只要挑那些家喻戶曉、人人都有使用其商品或服務的大企業投資準沒錯。

說到「家喻戶曉的美國企業」，非GAFA這科技四巨頭莫屬——經營網路服務的谷歌（Google，企業名稱Alphabet）、主攻網購市場的亞馬遜（Amazon）、社群媒體龍頭臉書（Facebook，現企業名稱Meta），以及生產

iPhone 和 iPad 的蘋果（Apple）。我相信絕大部分消費者一定都使用過上述至少一家企業提供的商品或服務。

GAFA皆爲國際企業，而且無論在哪個國家、哪個地區，基本上都採用相同的商業模式。它們提供全球幾億、幾十億的人相同的產品、服務，成功賺取龐大利益。

除了以上四巨頭，美國還有許多跨國經營並大幅成長的大企業。下頁圖表爲道瓊工業平均指數三十支成分股每十年的變化一覽表。

道瓊工業平均指數一般簡稱爲「道瓊指數」或「道瓊」，是全球最有名的股票指數，其歷史最早可追溯至一八九六年。現在道瓊的成分股是從紐約證交所和那斯達克交易所掛牌的五千家企業中挑選三十家組成，每年會調整一次組成名單。

這三十支成分股宛如一面明鏡，反映了當代美國的經濟榮枯。汽車業最大品牌通用汽車早已消失無蹤，就連名單上最長青、不斷轉型的奇異電器也在二〇一八年不敵時代潮流，被擠出了名單外。現在科技股才是道瓊的當家花旦。但無論如何，入選道瓊三十支成分股是美國企業的最高殊榮，意味著自己是足以代表美國的菁英企業。

道瓊三十家公司的總市值竟比日本所有上市企業加總還高！

最近二〇二〇年的組成名單依然星光熠熠，盡是耳熟能詳的知名企業。例如提供電腦作業系統 Windows 的微軟、憑藉廣告詞「Intel Inside」打響名號的電腦處理器品牌英特爾、生產洗衣精和健康產品的寶僑、信用卡界的龍頭VISA，就連日本人再熟悉不過的可口可樂、華特迪士尼公司也毫不意外地獲選。這等全明星陣容簡直媲比美國MLB和NBA的夢幻隊！

這些企業的市值加總起來更是高得嚇人。明明只有三十家公司，總市值卻將近十兆美元，等於將近一千兆日元（截至本書出版前）。日本共三千七百家上市企業的總市值也才約六百九十四兆日元（截至本書出版前），遠遠不及道瓊的三十支成分股。換句話說，即使日本所有企業團結起來，也比不過這三十家公司的企業價值。

道瓊指數30支成分股變化一覽表

1990年	2000年	2010年	2020年
默克藥廠	默克藥廠	默克藥廠	默克藥廠
美國聯合碳化物	微軟	微軟	微軟
美鋁	美鋁	美鋁	Nike
伊士曼柯達公司	伊士曼柯達公司	輝瑞	輝瑞
寶僑	寶僑	寶僑	寶僑
西屋電氣	花旗集團	旅行家集團	旅行家集團
國際紙業	國際紙業	卡夫食品集團	聯合健康保險
聯合技術公司	聯合技術公司	聯合技術公司	聯合技術公司
AT&T	AT&T	威訊通訊	威訊通訊
德士古	惠普	惠普	VISA
奇異	奇異	奇異	沃爾格林聯合博姿
伍爾沃斯公司	沃爾瑪	沃爾瑪	沃爾瑪
USX	華特迪士尼公司	華特迪士尼公司	華特迪士尼公司
3M	3M	3M	3M
固特異	英特爾	英特爾	英特爾

道瓊指數30支成分股變化一覽表（續）

1990年	2000年	2010年	2020年
美國運通	美國運通	美國運通	美國運通
雪佛龍	西南貝爾通訊	AT&T	蘋果
波音	波音	波音	波音
納威司達	開拓重工	開拓重工	開拓重工
聯合訊號	漢威聯合	雪佛龍	雪佛龍
通用汽車	通用汽車	思科	思科
可口可樂	可口可樂	可口可樂	可口可樂
杜邦	杜邦	杜邦	陶氏杜邦
埃克森	埃克森	埃克森美孚	埃克森美孚
菲利普莫里斯	菲利普莫里斯	美國銀行	高盛
西爾斯	家得寶	家得寶	家得寶
IBM	IBM	IBM	IBM
伯利恆鋼鐵	嬌生	嬌生	嬌生
美國製罐公司	摩根公司	摩根大通集團	摩根大通集團
麥當勞	麥當勞	麥當勞	麥當勞

道瓊三十支成分股的企業價值，源自其深不可測的成長潛力。這三十家企業幾乎都跨足國際，甚至半數以上於海外市場的營業額超過整體的五〇％。它們將世界各地的人納爲顧客、創造利益，又利用當地獲得的顧客資訊等大數據引發技術革新，進一步提升營業額。許多活動遍布全球的美國大企業都建立了這套急遽成長的模式。而如此可觀的市值也意味著眾人對股市的期待：「美國大企業成長動力十足，股價還會繼續上漲。」

重點是，這些美國大企業的價值連住在亞洲的我們都「感受」得到。我們平常使用這些企業提供的產品或服務的感想，都是我們選擇投資對象時最有參考價值的企業資訊。

除此之外，美國也是全球數一數二的創業大國，據說上市前市值就超過十億美元的獨角獸企業就至少有兩百家。

有些投資顧問也因看好獨角獸企業的資本利得而推薦客戶投資。想法上挺有道理，不過這種投資當然也有風險，尤其這類潛力新創企業大多都屬於醫療、生技、人工智慧、金融科技等先進科技，就連該領域的專家也很難預測產業未來的存亡。

投資的唯一原則，就是只投資自己「了解的、熟悉的東西」。所以投資美股時，挑選「熟悉的大企業」是最穩紮穩打的方法。

POINT

美股的好處在於可以親自接觸商品和服務，「親身感受企業價值」。

心法29

投資本國股票應排除「無法走向國際的大企業」

日本代表性企業擺在國際舞台上

那麼，投資本國股票又該選擇怎麼樣的標的？

日本也有不少「家喻戶曉的大企業」。其中堪稱日本企業第四棒打者的存在，莫過於市值居日本之首的豐田汽車。豐田汽車總是與其他企業爭奪國際汽車市場的王位，確實是夠格代表日本的國際企業。

但就連這麼厲害的豐田汽車，在世界企業市值排行上也只擠得進前五十名。無論是哪個機構公布的世界前五十大企業，除了豐田汽車以外，幾乎看不到其他日本企業的蹤影。

日本企業的市值之所以小，簡單來說，就是因爲全球化和數位化腳步慢了好幾拍。許多日本大企業雖然在國內市占率很高，卻沒有往國際市場發展。

例如 NTT DOCOMO 雖然是全球第一家提供手機網路服務「i-mode」的電信公司，卻因無法做到符合國際標準，結果智慧型手機問世後，便陷入孤立，面臨淘汰的窘境。索尼也曾因推出史上第一款隨身音樂播放器「Walkman」而盛極一時，最後卻不敵蘋果主打數位音樂串流服務的「iPod」，將寶座拱手讓人。

最近社群媒體也可以觀察到同樣的現象。日本國內的 LINE 用戶數雖將近一億人，但這點人數不過是全球臉書用戶的二十五分之一，甚至排不進社群媒體平台用戶數前七名。日本大企業雖然在日本國內獨霸一方，卻未成長到足以進軍世界的地步，這就是現實的情況。

當然還是有一些日本企業在國際市場力爭上游。例如旗下擁有 UNIQLO 的迅銷集團就沒有安居日本市場，積極在中國、韓國與其他亞洲國家，還有歐美各國拓展事業版圖，如今已成爲快時尚業界的代表性國際品牌。推出家用遊戲主機與軟體的任天堂，在全球也擁有數億用戶，更看準最近因疫情人們被迫窩居而衍生出的休閒需求，推出了大受歡迎的遊戲《集合啦！動物森友會》。

不過，像是電子零件、半導體生產設備、碳纖維等高科技材料，這類一般消費者不容易注意到的B2B產品、服務，倒是有不少日本企業在世界市場上獨領風騷。畢竟生產智慧型手機、飛機時依然得仰賴「Made in Japan」的零件和材料。

但包含這些優良企業在內，日本大企業眞的有辦法成長到與GAFA或道瓊指數的三十家美國超巨大企業並駕齊驅嗎？

能否期待資本利得，關注焦點在於「股價成長潛力」

從投資的觀點來看，日本大企業最大的問題在於缺乏「股價成長潛力」。如果你問我日股股價未來會不會翻漲五倍、十倍，我必須很遺憾地告訴你，幾乎不太可能。雖然股價或許會一時飆漲，日本企業也不是不可能開發出跌破世人眼鏡的劃時代革命性產品，一飛衝天……

然而，投資日本大企業所能期待的回報，頂多是配息之類的收益，幾乎無法享受投資股票最大的樂趣，也就是股價上升所帶來的資本利得。既然如此，選擇日本大企業就不算是優良的投資策略。

那麼乾脆轉個念頭！

投資日股時，不如專挑那些剛上市的新創企業。投資的世界稱這些股票爲「小型股」。堪稱新創企業跳板的東證 Mothers 和 JASDAQ 市場中就有不少規模尚小、但前途無量的中堅企業和新興企業。雖然一般普遍認爲日本的獨角獸企業（成立不到十年、但預估市值達十億美元的未上市新創公司）不到十家，但若門檻下修至一半，也就是五億美元、約五百億日元，那麼其實有不少企業在上市後的十年內，股價就翻漲了十倍。

儘管二〇二〇年遭逢疫情肆虐，日本新上市股票的數量卻闊別多年突破歷史新高。日本政府將二〇二一年定位爲「創新元年」，重新建構號稱「日本版SBIR」（Small Business Innovation Research，小型企業創新研發計畫）的創新研發補助計畫，大力扶植新創企業，急起直追美國和中國。

照這個發展來看，我們不妨投資前景值得期待的新創企業，並以長遠的眼光關注該企業與自己資產的成長。這項投資策略雖然有一定的風險，但同時也充滿了樂趣。

POINT

與其選擇「現成大企業」，
不如選擇「有成長潛力的新創企業」。

心法 30

想偷懶的人也可以選擇被動式的「指數化投資」

長期投資是大前提

剛開始投資股票或正準備進場的人，總會認眞學習，勤於蒐集資訊（起碼我是這麼相信）。掌握了企業業績和市場動向、買賣的眉角後，學習和蒐集資訊也會變得愈來愈有趣，甚至出現一些愛上投資的人。

不過，也有些人會逐漸喪失熱忱。雖然不至於三分鐘熱度，但也漸漸覺得做這些事情很麻煩，嫌每天追新聞很煩、很累，或是以判斷買賣時機困難，工作、照顧小孩很忙爲由就此放棄。哎呀，這可眞教人傷腦筋！

不過，即便是這樣的人，依然有辦法投資股票獲利。當然，大前提是長期投資，而不是短期投資。這個方法就是「指數化投資」。

「指數」一詞在本書中屢次出現。簡單複習一下概念，指數就是表現市況，也就是股市價格動向的「指標」。較具代表性的有日經平均指數、東證股價指數和美國的道瓊工業指數、標普五百指數。

簡單來說，指數化投資就是購買追蹤這些指標變化的「指數型基金」。各大信託銀行、證券商都有自己編組的指數型基金供民眾選購。雖然每檔基金的組成項目不盡相同，但基本上都與指數動向緊密連結。

包含指數型基金在內的各種基金商品與上市股票不同，一般是沒有掛牌上市的。不過也有另一種在交易所掛牌的ETF（Exchange Traded Fund，指數股票型基金）。ETF的交易模式和股票雷同，投資人是透過證券公司向交易所下單買賣。雖然交易機制和指數型基金不太一樣，不過對新手來說也算是相對好上手的投資商品。

小額也能開始投資，還不用逐一研究投資標的！

指數化投資的優點之一，就是可以從較小的資金開始投資。像很多證券商的指數型基金，最低購買金額只要一百日元。普遍來說，一檔基金發行的單位數大約是一萬個，而指數型基金每一萬單位，只需要一萬日元左右即可購買。至於ETF雖然是像股票一樣在交易所買賣的基金，但一個單位的最低購買金額同樣只需要幾百日元。

換句話說，我們可以用少許資金，達到分散投資的效果。假如你想個別投資日經平均指數的兩百二十五支股票，少說也需要幾十、幾百萬日元的資金才辦得到。相較之下，投資指數型基金只需要小學生零用錢程度的資金就可以開始了。

其實也有不少穩健派家庭主婦以指數型基金來代替傳統的撲滿，將每次買東西時找的錢留下來，一點一滴累積投資資金。我認爲這種投資方法也很棒。

指數化投資的第二個優點是不必像買個股一樣逐一分析投資標的。換句話說，這是一種省事的「懶人投資」。如果你覺得學習投資和蒐集、分析資訊的

日經平均指數走勢圖（月底值）

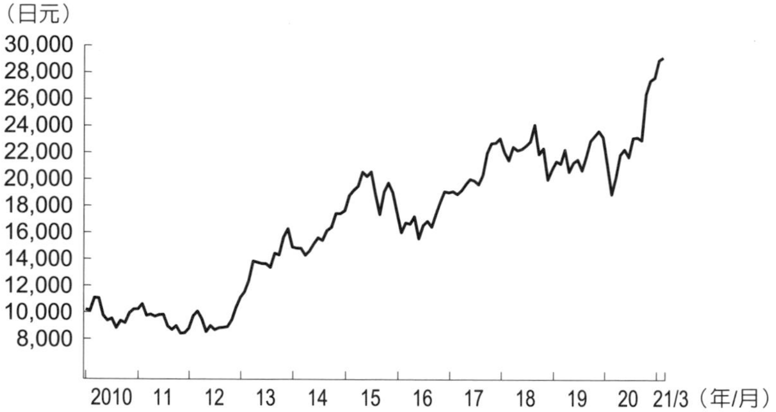

道瓊指數走勢圖（月底值）

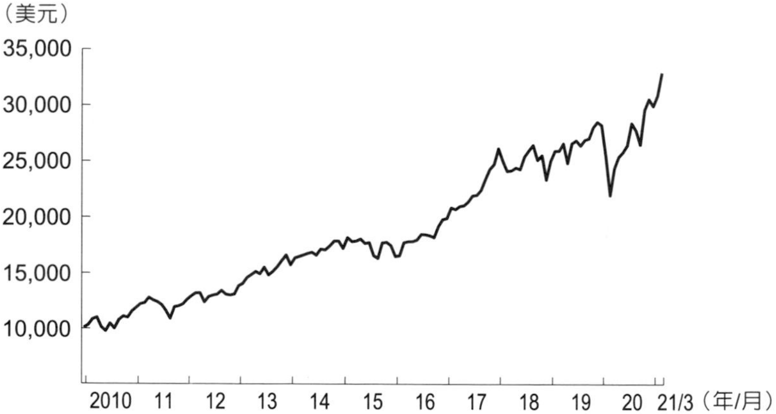

負擔很大，或許可以考慮指數化投資。

但容我再三提醒，投資以長期爲佳，請謹守「眼光放長、耐心培養」的基本方針。雖然指數化投資算是「被動型投資」，但注意點也和自己選股投資時一樣，千萬不可以因爲眼前的價格漲跌而慌了手腳。

右頁圖表是近十年來日經平均指數和道瓊指數的走勢圖。比較日、美兩國代表性指數一路的變化，也能發現短期內偶有劇烈震盪的情形，但以十年爲單位來看，整體還是呈現上漲的趨勢。

POINT

放著不管也能增加資產的被動投資代表——「指數化投資」！

心法 31

「美國人很懂投資」只是都市傳說

美國的金融教育從幼稚園開始

有個猶豫要不要開始投資股票的人問我：

「我現在才開始學習投資和經濟，還來得及嗎？日本人是不是不適合投資股票？」

以現狀來說，和歐美人比起來，日本人的確更偏好儲蓄，較少將資金分配給股票等收益性商品。

左頁圖表爲日本銀行彙整日本、美國、歐洲三地家庭金融資產的組成比例。圖表顯示，日本家庭的現金與存款占了五三．三％，股票占了一〇．

比較日本、美國、歐洲三地
家庭金融資產的組成比例

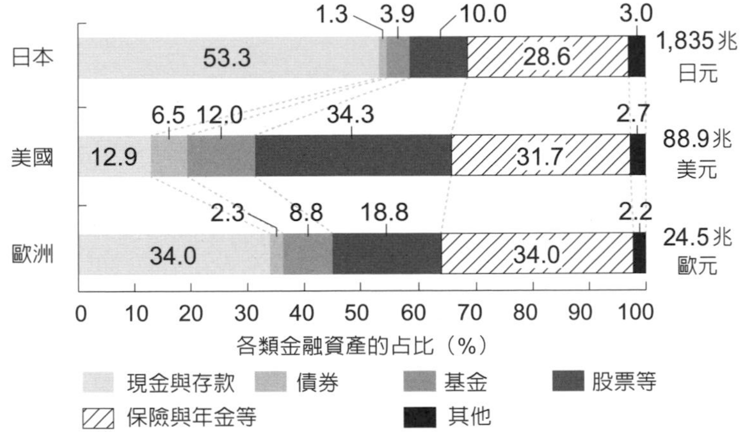

「其他」為資產總和減去「現金與存款」「債券」「基金」「股票等」「保險與年金等」後的餘額。
資料來源：日本銀行〈日美歐資金循環比較〉，2019 年 8 月 29 日

○%、基金僅占三・九%（由於最近股價看漲，這個比例可能有些許變動，但大方向上差異不大）。至於美國，現金與存款則只占一二・九%，股票占三四・三%、基金占一二・○%，和日本的情況完全相反。歐元區雖然沒有美國這麼極端，但現金與存款也只占三四・○%，股票則占一八・八%、基金占八・八%。

爲什麼會出現這樣的差異？因爲美國通膨情況較嚴重，所以若不投資，金錢的價值只會持續縮水。

而日本長時間都處於通貨緊

縮，也就是物品價值下跌、金錢價值上升的情況，就算不特別投資，儲蓄也能增加實質的資產。所以比起胡亂投資，持有現金還比較妥當。日本雖然也面臨許多問題，但其中一項背景，我想和一九八〇年代後半的「泡沫經濟」脫不了關係。在泡沫經濟的極短期間內，大量民眾將積蓄拿來投資，在那之後陷入通貨緊縮，很多人因爲找不到好的投資標的便退出股票市場。

但我認爲，還有一個影響投資風氣更大的因素，那就是美日之間，金融教育落差甚巨。

美國和日本不一樣，美國人從小就在學校接受經濟、金融教育，培養金錢與經濟素養。至於多早開始？有些地方甚至從幼稚園就開始了。非營利組織美國國家教育與經濟中心（NCEE）等機構就擬定了從幼稚園到高中的金融、經濟教育綱領，所以從小培養經濟、金融素養，在美國是稀鬆平常的事情。

我也看過美國高中的經濟教科書，內容頗有深度，我甚至心想：「日本實在不可能做到這種地步……」此外，我也聽說美國某個州的小學，老師會在課堂上讓學童讀報，並鼓勵他們發表自己想投資的企業與理由，最後也會帶學生了解實際股價。而且老師的重點並非股價漲跌，而是探討「爲什麼要選擇這支

日本國高中金融經濟教育實際情況

金融經濟教育授課時間
訪問各年級教師一年內進行金融經濟教育的時數。

❶ 概況

各學年金融經濟教育最高時數調查結果：
國中1年級：0小時（74.2%）
國中2年級：0小時（58.2%）
國中3年級：1～5小時（44.6%）
高中1年級：1～5小時（60.9%）
高中2年級：1～5小時（49.3%）
高中3年級：1～5小時（47.7%）

❷ 學校、任教科目別

高中的金融經濟教育時數較國中多。高中則依教師任教科目與學年不同而有些微差異，但各科目教師皆於高中2年級開始減少金融經濟教育時數。需特別注意的是，國中有規定於3年級課程中編入社會公民科，高中則無特別指定需編入的科目與學年。
此外，高中家政科的金融經濟教育時數隨著學年上升明顯遞減。

許多問券僅回答自己負責學年的授課時數，有效問券數量較少，故未採計無回答的情形。
資料來源：日本證券業協會〈國高中金融經濟教育實態調查報告書〉

股票？」「爲什麼股價會上漲？」「爲什麼股價會下跌？」師生一同思考背後的政經要素，一起學習，是相當劃時代的一門課程。

美國的孩子在出社會前就接受過循序漸進且實際的經濟、金融教育，包含收入與支出的基礎、儲蓄與投資的必要性，乃至於信用卡與支票的使用方法。

日本又是如何？上頁圖表摘自日本證券業協會公布的「國高中金融經濟教育實態調查報告書」。表中可見，日本國中三年級的學生，一年內接受金融教育的時間僅有一至五小時，高中各學年的情況也差不多。

顯然，日本至今依然存在「神聖的教育殿堂不可傳授金錢教育」的舊思維。我也聽說日本教育界對於培養創業精神的相關課程依然頑固反對。

我認爲，若要振興國內經濟，或許得先從打破這陳腐的刻板印象與成見開始做起。

貝萊德投信調查發現的驚人事實

31 「美國人很懂投資」只是都市傳說

說到這裡，心急的人可能會以爲「難怪美國人這麼熟悉投資。我們只能望塵莫及吧」。然而，我想說的正好相反。其實我手上還有一份資料。

世界最大投信公司貝萊德曾於二〇一六年進行「ETF意識調查」。調查結果顯示，回答知道ETF的手續費比其他金融商品便宜的美國人只有三四%，僅占整體的三分之一。知道債券ETF和境外ETF的人只有二一%。而僅有五%的人了解新概念股價指數「SMART β」。

補充說明，SMART β和傳統追蹤大盤平均值和價格浮動的市值型指數不同，是根據營業額、營業現金流、配息等財務指標和股價變動率等特定因素來挑選成分股，故取作「聰明指數」。如今這項指數也愈來愈受到市場歡迎，然而知道的美國人卻寥寥無幾。

世界各地都有實施「金融素養測驗」，不過，我最近才聽說美國的測驗其實簡單得不得了。不知道是否因爲美國國內教育水準落差太大，總之，他們的題目基本上任何人都會寫，和日本的考題難度天差地別。而意外的是，很多人也不知道這件事。

換句話說，「美國人很懂投資」根本是胡說八道！至少並非所有美國人都是投資好手，甚至大半美國人對於投資都不太了解。相反地，「日本人不適合投資」也只是偏見，不過是無憑無據的都市傳說罷了。

即使各位現在還沒有太多金融和經濟知識，也別急著放棄投資，什麼時候起步都不嫌晚。

而且我開頭也提過，考量到日本與美國經濟環境的差異，日本政府今後應該會推行各種試圖擺脫通貨緊縮的政策。可以想見在未來的日本，投資將成為必要之舉。

只要現在開始認眞學習，培養扎實的知識，想要靠投資贏過他人根本不是問題。雖然投資是愈早開始愈好，但關鍵仍然是你有多認眞、多努力！躊躇不決也只是浪費時間，不如從現在開始學習吧。

POINT

只要有心，投資永遠「不嫌晚」。

心法32 股市並非「業餘永遠打不過專業」的世界

勝敗乃投資家常事

各行各業都有「專家」，專業人士普遍比業餘人士擁有更高度的專業知識與優越能力，所以我們總認爲，業餘人士比不過專業人士（雖然也有些業餘人士比專業人士優秀，而且也可能碰巧獲勝）。

投資上的「專業投資人」通常指銀行和保險公司等機構投資人❶和基金經理人❷。這些專業投資人每天都在操作散戶難以想像的龐大資金。

我們散戶對上專業投資人，難不成眞的毫無勝算嗎？

很多讀者可能會認爲這也是沒辦法的事。那可不一定，別忘了，一般人也有許多贏過專家的優勢，而這正是投資有趣的地方。怎麼說？

市場充滿了不確定性，手腕高明的專家也並非無往不利。如果專家出手必勝，那應該至今所有專家都不曾嘗過敗績。或許有讀者會認爲「專家能更快獲得專家才知道的資訊」，這也是不正確的想法。就算他們眞的拿到這種祕密資訊，也只能算是內線消息，如果用來賺錢就觸法了。

假設專家投資穩賺不賠，那像主動型基金❸這種由基金經理人獨斷挑選股票和債券等投資標的的商品也不會沒落。然而實際上並非如此，搞不好你也曾聽過身邊親友抱怨：「虧我這麼相信他才買的！」

專家投資也是有賺有賠，這也是投資人的宿命。無論投資理論再發達、ＡＩ技術再進步，只要牽扯到無數市場參與者的心理，就沒有人能夠精準判讀行情。勝敗無常，這一點不分專業投資人或散戶。

專業投資人每天都得賭上自己的生活

那麼，專業投資人和散戶究竟哪裡不一樣？以下是我的想法，專業投資人不管行情好壞，都必須持續操作保管的資產，而且金額還相當龐大。專業投資人優渥的報酬便是由此而來，所以不能以「今天行情不好」或「身體不舒服」為由擅自休息。

行情不錯的時候一切安泰。市場前景看好時，資產放著不管也會增值，因此專業投資人也可以和散戶一樣放心。然而一旦崩盤，他們就頭痛了。如果碰上劇變，市場情緒迅速轉空，巨額資產轉眼間便不翼而飛。所以專業投資人必

---

❶**機構投資人**：使用來自眾多散戶的巨額資金，投資並管理股票、債券等有價證券的大型投資人，泛指人身保險公司、財產保險公司、信託銀行、一般銀行、合作金庫、年金基金、農會、公家金融機構等。通常不操作短線買賣。

❷**基金經理人**：專門操作基金的專家。隸屬於基金公司，必須根據運用方針，分析、挑選市場與標的的組成比例和買賣時機，並運用投資人寄存的資金進行投資。一檔基金可能有多位負責的基金經理人，一名基金經理人也可能負責多檔基金。

❸**主動型基金**：由負責人決定股票、債券與其他有價證券等投資標的與分配比例的基金。通常主動型基金會設定指標，並追求基金績效超過該指標。

須設法應變，其壓力絕對超乎想像。雖然這次疫情下股價暴跌只是一時的，但如果股市長期疲軟下去，他們也不得不抱著胃痛的壓力疲於奔命，思考如何將損失控制在最小限度，頂住痛苦並繳出優良績效。這種時候就能看出一名專業投資人的功力，有些專業投資人的確善於處理危機，但並非所有人都是如此。

而且受雇於組織的專業投資人還必須遵循公司規定的操作時間，年年承擔績效壓力，太差的人甚至有可能被炒魷魚。就算他們預測「五年後會漲價」，公司也等不了這麼久。此外，他們還有義務向出資人說明情況，因此遇到股價下跌時也會先求落袋爲安，很難「賭上自己的工作，逢低買進」。專業投資人投資時往往比較綁手綁腳。

散戶隨時都可以休息

相較之下，我們散戶不想操作的時候大可放著不管，想休息就休息，負擔的投資額也遠比專業投資人小。投資股票有句名言：「休息也是一種投資策略」，我認爲這句話是對散戶說的。我自己碰上「看壞」的對象時，也會暫且「休息一下」。然而專業投資人可沒有時間休息，每天、每週、每月、每季都被績效數字追著跑，最後還有結算等著他們。

在這一點上，我們散戶就樂得輕鬆。雖然我們投資也是用自己辛苦賺的錢，多少會憂心，但畢竟不是保管並運用他人資產的「工作」，所以可以隨時購買自己看上的標的，也沒人限制你怎麼挑。

這正是專業投資人與散戶最大的區別，也是我們業餘人士的一大優勢。

我在〈心法29〉介紹過投資新創企業小型股的方法，那就是能彰顯散戶優勢的好例子。小型股的發行股數比大型股少，流動性較低，故不適合運用巨額資產的專業投資人操作。不過站在散戶的立場，期待小型股成長就是一種樂趣，而且我們也可以隨心所欲慢慢買進。業餘有業餘自己的「勝利方程式」。

POINT

發揮散戶的優勢，擬定投資策略！

心法 33

「潛力股」有一些共通條件——新手須知股票投資分析法

挑選投資對象的四個條件

〈心法29〉中，我建議各位投資本國股票時與其選擇大企業，不妨關注成長可期的新創企業（小型股）。我打算在此進一步具體說明如何尋找、挑選投資對象。

分析過往累積下來的龐大股價資料，會發現「潛力股」都滿足了幾項條件。滿足這些條件的企業，股價漲幅往往比不符條件的企業高出不少。許多研究也證實其差異具有統計顯著性。

幾項條件之中，我特別推薦新手用以下四個條件來篩選投資標的：

①距首次公開發行股票不超過十年的企業
②董事長或執行長爲公司創辦人
③董事長、執行長持有一定比例的股份，握有公司實質經營權
④市值不滿五百億日元

股價會上漲的企業，通常都具備以上「特質」。①和④可以看出企業成長潛力，幫助我們判斷企業是否年輕、發展空間大不大。②和③則是攸關決策速度的成長條件。創辦人掌握經營實權的企業，決策速度通常比大型企業來得迅速，只要一聲令下就能立即決定任何事情。這在瞬息萬變的現代可謂一大利器。

然而，這也是一把雙面刃。因爲公司規模尚小，只要領導者判斷有誤，經營就有可能馬上陷入危機。這一點也是小型股最大的危險因子。

但總之，以上條件都很單純，我想新手也不難理解。只要利用這四個條件進行篩選，就能大幅縮減候補名單。之後再搭配局勢分析，選擇自己想支持的企業或熟悉事業內容的企業就行了。

「十倍股」不是癡人說夢，但風險也很大！

股票投資人的圈子裡，「十倍股」往往會引起大量討論。「十倍股」的英文 ten-bagger 原意爲「十壘安打」，比喻價格翻漲十倍的股票。有不少滿足前面四個條件的日本企業都曾經出現過十倍股。

以日本來說，東證 Mothers 裡就有許多符合前述條件的企業，其中十倍股企業大多是在科技、醫療、健康等成長產業中嶄露頭角的新創企業。這些企業的經營策略精準擊中當代需求，研發能力和技術實力在市場上的評價也很高。但我要再次重申，我絕對不是在推薦各位購買特定領域的股票。各位別忘了，股價飆漲的快速成長型新創企業，勢必伴隨著一定的風險。

以下介紹一個比較近期的例子。有家企業才剛達成十倍股的創舉，卻立即受挫，短期內的表現宛如坐雲霄飛車。這家企業就是旗下擁有知名牛排館「IKINARI STEAK」的 PEPPER FOOD SERVICE。該企業二〇〇六年九月於東證 Mothers 上市，二〇一七年五月轉上東證二部，八月更晉升東證一部。自東證 Mothers 掛牌到轉上東證二部這約十年的時間，風風光光成爲十倍股。

然而，那段時期和之後好一段時間，公司的經營狀況都相當混亂，不僅再三被員工爆料醜聞，馬不停蹄的新事業開發與操之過急的國內外拓點，也導致業績不振。最後「IKINARI STEAK」的分店大量倒閉，還不得不轉賣主力業務「胡椒廚房」，並大舉裁員以整頓事業。二〇二一年四月時，股價依然相當低迷，僅落在三百日元左右。

如果你在該企業於東證 Mothers 上市時購買他們的股票，且在二〇一七年最高點時脫手，就能大賺一筆。相反地，若錯過脫手時機，甚至持有到現在，那你肯定虧大了。

「脫手時機」實在很難看清。瞄準資本利得的短期投資就不用說了，即便是長期投資，也總有一天會面臨賣掉持股的時機，必須未雨綢繆。

至於怎麼判斷脫手時機，就留到後面章節再仔細說明。

POINT

投資股票的第一步，先透過幾項條件篩選過濾。

心法 34

投資股票的唯一法則：「符合條件就買，不符條件就賣」

不要根據價格浮動買賣股票

「跌停買，漲停賣。」

各位應該有聽過這句話。但如果真有辦法簡單使出這般神乎其技，連專家也望塵莫及，大家就不用這麼辛苦，也不會有人虧損了。選在價格變動時交易，無論是賺是虧都稱不上投資，只是投機。心情隨股票漲跌起起伏伏，資產也不會因此而增加。

話雖如此，我們還是有唯一一項避免自己誤判股票買賣時機的法則：「符合條件時買入，不符條件時賣出」。

聽起來很簡單，但這正是投資最根本的道理。

此處的「條件」並非上一篇挑選潛力股的四個條件，而是在滿足那些條件的前提下，「你個人」取捨投資對象的標準。例如「生產自己喜歡商品的公司」「女性有充足發揮空間的公司」「環保理念讓你有共鳴的公司」，也可以說是「讓你想支持該投資對象的前提條件」。雖然可能要費點工夫，但事先建立自己的一套原則是投資的基本。

容我再次提醒各位，追逐眼前的利益，不過是投機的行爲。眞正的投資，是將資金投入符合自己條件的對象，並按部就班追求長期的成長與利潤。這麼一想，「短期投資」或許和投資的本質相互矛盾。短期投資是觀察短期內的價格浮動並判斷買賣時機，因此我認爲這種行爲近乎投機。

判斷脫手時機範例1——喜歡的商品、店面消失時

接著，我繼續以 PEPPER FOOD SERVICE 爲例說明「不再符合個人支持條

件」是怎麼樣的情況。

假設你是個饕客，也喜歡 PEPPER FOOD SERVICE 經營的「IKINARI STEAK」和「胡椒廚房」，經常上門消費，所以你在 PEPPER FOOD SERVICE 上市時買了股票。你的投資判斷包含了一點粉絲心態，期待這家公司「業績成長，創造利益」，也希望他們「拓展分店，持續改良味道與服務。自己也會更喜歡去用餐」。

然而，之後的發展卻不如預期。雖然中途還很順利，最後卻因爲勉強擴展業務與店面，導致「IKINARI STEAK」的分店覆蓋率大幅縮水，「胡椒廚房」甚至不得不整個賣給其他公司。

以常理來想，這時就是脫手該公司股票的時機了。只要想到「餐廳的味道和服務恐將大不如前」，你就會發現這家公司已經不符合你一開始支持的條件，於是決定脫手。但如果你認爲「他們還有維持牛排事業的計畫，相信一定能東山再起」，那也不用急著賣掉股票。無須在意當下的股價，繼續持有股票就對了。要選擇哪條路，取決你如何分析該公司未來的經營狀況，還有你多想支持這家公司。

判斷脫手時機範例2——創業董事長退位時

另一個脫手時機，就是創辦公司的董事長退位時。

假設你在高科技新創公司X上市時買了股票，創辦人兼董事長Y為人雷厲風行，具備領袖氣質，一路帶領X公司成長。公司上市後業績持續長紅，繼續抱股也沒什麼好擔心的。

然而，某天卻傳出其他公司要併購X公司的消息，創辦人Y也將退位，清出自己手上的股票，完全遠離X公司的經營事務。這時你會怎麼判斷？

雖然還是得看你自己的想法，但一般來說，這時是該考慮做個了結，也就是脫手的時機了。既然那位充滿個人魅力、形同公司靈魂的創辦人兼董事長退位，該公司未來的經營策略和企業文化、風氣恐將大轉變。「雖然還是同一個品牌，但已經不是同一家公司了」，這種情況下，也就不再符合你原先支持它的條件了。

取捨投資對象的條件，不是只有業績之類可以用數字計算的量化指標，更多的是無法以數字衡量的質化指標。「喜歡的店家消失」「創業董事長退位」，這些支持條件的變化就是很典型的例子。

支持條件最好多訂立幾個，不過也不要太多，太複雜反而會害自己無所適從，必須特別注意。每個人適合的條件多寡都不一樣，我無法給出一個明確的數字。但我認爲，只要決定好最低的支持門檻，自然更容易判斷買賣的時機。

POINT

決定買賣的時機並非「價格漲跌」，而是「支持條件改變」。

心法35

股價總是錯的，所以不必在乎

「投資人的心情」決定了股價

上市企業的股價究竟是誰決定的？是該企業的董事長嗎？還是擁有人或大股東？如果都不是，那難不成是取決於業績？

全都不對，股價是場上交易的投資人決定的。正確來說，是投資人的心理，也就是「投資人的心情」左右了股價。什麼意思？

追根究柢，股價是什麼？股價就是投資人因爲種種理由買賣股票成交時的金額。賣方會想盡可能賣貴一點，買方則會想盡可能買便宜一點，這都是人之常情。雖然購買股票的大前提是該公司符合自己的投資條件，不過也要看價格能不能接受。根據供需法則來看，如果有很多人都想買同一家公司的股票，股價當然會上漲。

很常發生一種情況，比方說，你發現了一家好公司，股價也比想像中便宜，所以決定買進，殊不知其他人早就發現這件事，也早就買了該公司的股票。你以爲只有自己挖到寶，但其實買進的時候股價已經上漲了。早在你獲得某些資訊，自信十足地認爲「這家公司很不錯」並準備買進股票之前，就已經有一大堆人出手，股價也早就堆高了。所以，如果你想買得漂亮，就必須搶先其他人發現這家公司的魅力，買進時也必須問問自己：「其他人是不是早就知道了？股價是否已摻入其他投資人的期待，早就漲了？」這就是爲什麼我們需要累積勝過他人的知識量與資訊量。

換個角度來想，爲什麼投資人會看上一檔股票呢？理由很簡單，因爲利益。投資人期待「股價上升」帶來的資本利得，或「配息增加」等利息收益，所以才會選擇投資該標的。

假設你關注許久的一檔股票價格上漲了，你會怎麼想？因爲現在價格已經比當初想買時還貴，不如等股市回穩，股價便宜一點再買……相信一般的散戶都會這麼想吧。

但我猜，很多人不僅等不到股價下跌，股價反而還緩緩上升，最後只能懊悔「早知道當初就買了」。

反過來說，也有不少人雖然成功盼到股價下跌，卻又貪圖「再便宜一點」，結果拖著拖著，就錯過了買進的時機。追高殺低會讓心情起伏不定，害我們錯過買進與賣出的好時機。

簡單來說，股價的變化之所以不會如你所願，是因爲參與交易的其他幾千、幾萬名投資人也都跟你有一樣的想法，採取一樣的行動。股市裡許多跟你同樣煩惱、同樣猶豫的投資人，彼此的心理相互作用，時而相互增幅，就這樣決定了股價。

索羅斯也說「市場總是錯的」

人稱金融天才的喬治．索羅斯曾根據「反射理論」（theory of reflexivity）

談論人的心理對市場的影響。我希望各位能直接閱讀他闡述該理論的著作，所以這邊僅用非常簡略的說法來解釋。概念大致如下：

市場總是錯的。假設今天有一支股票價格從一百元漲到一百五十元，會吸引很多人搶著買進，結果使股價再漲到兩百元。接著又會出現一批人看上該股強勁的漲勢而買進，帶動股價漲至兩百五十元。至此，股價已經過度偏離起初的一百元。換句話說，股價上漲，促進投資人買賣，形成一個連鎖反應，導致最後股價成了和原有價值完全不同的東西。由此可見，股價的變動與原有價值無關。

下跌的時候也一樣，股價下跌，就會有人想賣出股票，甚至有很多人巴不得趕快脫手。這樣的心態也會引發連鎖反應，導致股價持續下跌。

買賣股票時，要判斷的應該是價格與價值相比是高是低，還有你能不能接受該價格（無論買賣）。但很多人卻是根據即時的價格波動買賣，所以股價往往比實際的價值更高或更低，造成「股價總是錯的」。

股價終究是人的期望與失望相互影響下的結果。而期待與失望都是人的心理，難以捉摸，容易受到情緒與衝動左右。人心叵測，忽視爲上。

聰明的投資人該關注的不是股價，而是扣除人的情感要素之後剩下的部分，簡單來說，就是公司創造的利益。而且不能只看現在，還得看未來可能的獲利。請各位謹記，投資股票時只問公司利益，不問股價。

為什麼新冠疫情爆發，全球股市反而上漲？

二〇二〇年，新冠肺炎對全球經濟造成重大打擊，然而，無論哪個國家、哪個市場，股價卻都大幅上漲。怎麼會發生這種與景氣背道而馳的現象呢？

主要是美國聯邦準備理事會（FRB）等貨幣當局釋出大量資金進入市場，形成超額流動性的緣故。另一個原因，則是全世界的投資人都預期「世界經濟在疫情過後將強力反彈」。

從這些例子可以知道，股價並不能完全反映企業當下的業績，更不能與企業價值畫上等號。股價是企業價值與投資人心理相乘的結果，時常因爲投資人的心情與期望而產生偏誤。

也就是說，市場總是錯的，這一點請各位務必銘記在心。投資本來就沒有「正確的股價」「正確的進場時機」，我也再三強調，不必在乎眼前的價格波動，只要投資符合自己篩選條件的對象即可。你打算買進時，就直接買進，因爲重要的是「未來發展」。

此外，股價有所謂的「理論價格」。理論股價的概念是用企業價值除以已發行股數計算，並定義每一股的企業價值等於股東價值。這道算式的結果，就是根據公司帳面數字所計算的股價。詳細內容會在〈心法37〉中說明。

POINT

股價不如預期，是因為其他人跟你想的一樣！

心法 36 股價走勢圖只是過去的紀錄，誰也不知道明天會怎麼樣

我們無法從過去的紀錄預測未來

投資股票必看的「走勢圖」到底代表什麼意義？簡單來說，走勢圖是顯示股價變化的「股價紀錄」，也稱作「股價圖」。可以清楚看出過去曾發生哪些交易、價格如何變動。

這裡我要出個題目，請見下頁的圖表，並判斷未來的發展。從這道折線來看，之後的數字是會繼續攀升？還是下跌？

應該很多讀者會說：「光看這張圖誰知道！」

正確答案！是我也會這麼回答。但投資時卻有一些「圖表分析家」會根據

折線接下來會往上？還是往下？

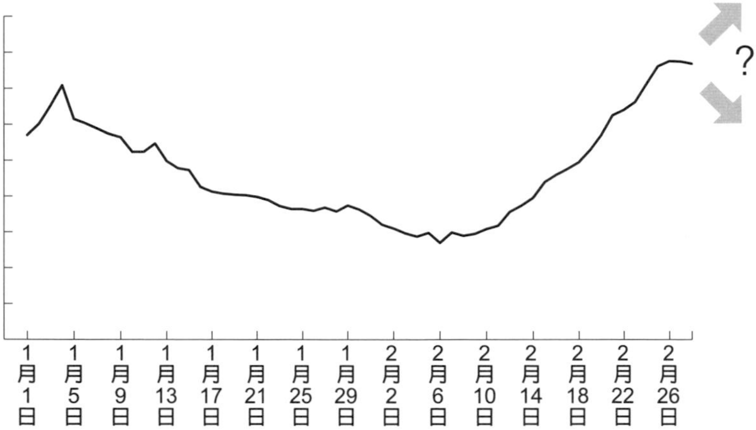

折線的形狀預測未來的發展。當然，他們並非只用如此單純的個股走勢圖來判斷，而是分析股價指數的圖表，有時還會與GDP等經濟指標交叉比對，甚至利用「K線」「移動平均線」等各式各樣的工具來預測今後股價。這種手法稱作「技術分析」。

「鑑往知來」並非不可能，相信也有人眞的會運用圖表，抓出漂亮的數字，或是過去最高價、最低價等「轉折點」，並在這些價格帶展開買賣攻防戰。有些讀者應該也在報紙的股市專欄看過「勾動市場敏感神經」之類的描述，而股價走勢圖就是投資人在分析股市心理戰策略時經常會用到的工具。

然而，預測終究只是預測，不代表結果。結果通常也不會照著預期發展。分析走勢圖的目的，與其說是爬梳過往的資料，應該更接近「運用舊資料來打心理戰」。

基於心理戰的買賣行為根本不是投資。投資的本質是找出能夠產生價值的對象，並盡可能用比價值還便宜的價格購買、持有，並守候其成長。我認為，打心理戰的行為，無異於享受刺激的賭博。

投資和減肥一樣，方法對了才有效果！

我並非全然否定分析圖表的做法。圖表分析是門學問，只要學習扎實的知識並運用得當，也有助於我們洞悉股票投資的各種面向。而且圖表分析也是一項能有效磨練個人投資能力與分析能力的工具，只是，千萬不能全然倚賴圖表分析，畢竟要將圖表分析運用自如也不容易。市面上有很多講解技術分析的書籍，如果光靠書上那些知識，就期望投資順利，誰還需要把自己搞得這麼辛苦？世上沒有輕鬆的賺錢方法，只有以扎實的知識為基礎，創建獨門分析方法的人才會成功。

對了，本章開頭的那張圖表其實不是股價走勢圖，而是我過去兩個月來的體重變化折線圖。抱歉騙了各位。

你問我為什麼要畫這種圖表？當然是為了減肥。當我發現自己體重增加時，會開始注意飲食、努力運動流汗，最後也成功減重。但只要一鬆懈下來，又會故態復萌，只好趕快再繼續努力減重。我總是在這個循環打轉。

讓各位見笑了。我想說的是，我們雖然可以參考過往的體重變化紀錄來調整未來的做法，但結果如何，就看個人造化了。

我認為股價走勢圖的本質也一樣，尤其對新手來說，最好將折線的形狀單純視為了解過往變化趨勢的參考工具就好。不過，股價和體重有一點不同，就是你無法靠自己的努力決定未來的變化。因此你該做的，不是從股價走勢圖預測未來，而是如何藉此找出符合自己支持條件的對象，並於低價時買進，好好培養。

減肥和投資都需要用對的方法才會有效果。勉勵各位也能用正確的方法好好流汗！

POINT

投資不是打心理戰。被牽著鼻子走，就要傾家蕩產了！

心法 37

觀察本益比，就能洞悉「投資人心理」

雖然可以算出理論上的股價……

股價分成市場交易活動決定的實際股價和理論上的股價。

〈心法35〉提過，理論股價是用企業價值除以發行股數來計算，核心概念爲每股企業價值等於股東價值。簡單來說，即基於「股價應依企業價值來決定」這個理論所顯示的價格。若現實股價比理論值高，代表股價較貴；若現實股價比理論值低，則可判斷股價較便宜。

「企業估值法」是最常用來計算理論股價的方法。這方法也常用於企業併購時所進行的盡職調查，但這裡我們不談細節。

不過，實際上的計算方法五花八門，證券商、分析師、財經雜誌、報社都有一套自己的方法，因此理論股價多到令人眼花撩亂。而且每一份理論股價都有自己的根據，我們很難斷言誰是誰非。

只有一件事可以確定，就是股價絕對不會照著理論走。原因我也說過很多次，因爲實際股價是投資人心理相互影響的結果，而理論股價也是心思難解的投資人買賣時參考的資料之一。換句話說，我認爲要找出一個所有人都能接受、所有人都認爲正確的完美理論股價，原則上不可能。

判斷股價高低的全球標準指標——本益比

比起理論股價，我更希望有投資股票的讀者記住「本益比」（PER，Price Earning Ratio）。「本益比」是投資股票尤爲重要的指標之一，任何人都能用以下公式簡單計算出來：

本益比＝股價÷每股盈餘

「盈餘」為企業於一個會計年度中的營業利益，指期間內賺取的「稅前淨利」減掉業外損益與稅額等部分後，企業最終獲得的利益，又稱「稅後淨利」。企業會從盈餘中撥出股息，剩餘的錢則存起來作為公司資產（保留盈餘），用於研發或投資設備以求成長。

本益比是全球共通的標準指標，顯示一支股票的價格為該企業實際盈餘的多少倍。本益比倍率愈高，股價愈貴，反之則愈便宜。

比起理論股價，本益比才是散戶投資股票時最常使用的判斷「基準」。畢竟很多理論股價都是本益比衍生出來的，所以某方面來說，本益比本身就是挑選投資對象的一個標準。

那要如何使用本益比？舉個例題，豐田汽車二〇二〇年三月三十一日的收盤價為六千五百零一日元，每股盈餘為七百三十五・六一日元，所以本益比等於八・八四（6501÷735.61＝8.84）。反過來說，只要知道本益比，我們也可以乘上每股盈餘，回推股價。

但問題是，「本益比等於八．八四」代表什麼意思？代表股價爲實際每股盈餘（股東價値）的八倍以上，也顯示出投資人期待公司有這個程度的表現。不過，二〇二〇年十二月東證一部的加權平均本益比爲三〇．一。若以個別產業來看，豐田汽車屬於運輸用機器類，而東證一部運輸類用機器類股的加權平均本益比爲二一．一，所以豐田汽車的本益比大概只有整個市場的一半水準。

不過每個人對於本益比數字的解釋都不一樣，有些人不甘於這個數字，覺得應該要更高，也有些人認爲這個數字太高了。到頭來還是看你個人怎麼判斷。

一般在衡量個股本益比高低時，會交叉比對該產業的平均數字與競爭對手的本益比。以上述範例來說，便是和汽車業的平均數字，還有德國福斯、日產或本田等競爭對手相互比較。

特斯拉股票的本益比為什麼這麼高？

談論汽車業時，怎麼能忘了美國電動車大廠特斯拉。淨零碳排成爲全球眼下最急迫的議題，特斯拉成了全球投資人目光的焦點，股價也急遽飆升。二〇二一年四月二十七日，特斯拉的本益比已經達到一一五八．六五。當天豐田汽車的本益比也才一五．一一，更誇張的是，特斯拉的產量還不到豐田的十分之一。不知道各位能否理解爲何投資人對於特斯拉的未來寄予如此厚望？

除了特斯拉，美國還有一大堆企業本益比高得誇張。這也是我在〈心法28〉〈心法29〉談論投資美股與日股應抱持不同心態的主要理由。

補充一點，根據某位業餘投資人部落格上的資料，二〇一七年八月二十五日時，特斯拉股票的本益比爲負七四．〇一，當時特斯拉只是一家名不見經傳的小公司；短短三年半之內，評價便竄升到現在的地步，股價也從原本的六十九．六一美元，飆升至七百三十八．二〇美元（二〇二一年四月二十七日）。

日本最近流入股市的資金增加，指數化投資也興盛起來，所以日股的本益

日經平均本益比走勢圖

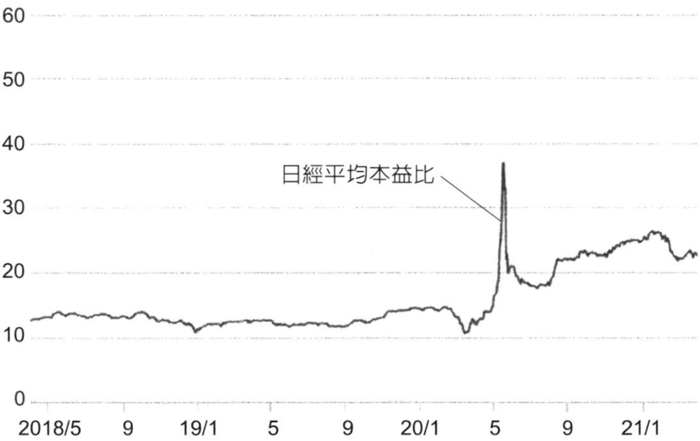

比近來也呈現上升的趨勢。

上面提供近年日經平均本益比走勢圖給各位參考。二〇二〇年五月以後折線之所以突然飆升，估計是因爲日銀再推出貨幣寬鬆政策，還有日本政府年金投資基金增持日股的緣故。這些轉變顯示出投資人心理更趨積極了。

近年來，全球都在大聲疾呼SDGs（聯合國永續發展目標）的重要性。我們從本益比的變化，也能明顯看出投資人對於企業響應國際議題的期待。當我們用本益比評估股價時，分析背後的觀點也是很重要的一環。

POINT

仔細思索本益比背後隱含的「市場期待」與成因。

心法38

股票投資分析基礎❶

第一步先「詳讀官方網站的資訊」

企業官網是資訊的寶庫

接下來的章節，我會介紹股票投資分析的基礎。

投資分析的第一步是「過濾」，即「篩選」投資對象。〈心法33〉介紹過具體的篩選方法，也就是「潛力股的四個條件」。我們重新複習一下是哪四點：

①上市不超過十年

②董事長或執行長為公司創辦人

③ 董事長、執行長持有一定比例的股份

④ 市值不滿五百億日元

光這四項條件就足以剔除許多選項。初步篩選完後，再以你自己的「支持條件」進一步分析，決定最終投資標的。爲此，我們需要更詳實的企業資訊，但這又該上哪查詢呢？

我建議直接看企業的官方網站。

比方說，你想找間餐廳享受美食，也會先上那間餐廳的網站做點功課吧？例如從網站上的照片判斷店內氛圍、確認菜單和價位。如果你想規畫一趟溫泉旅行，應該也會事先調查飯店或旅館的網站，掌握交通方式、房間格局、餐廳的氣氛和餐點內容、有無露天浴池等各方面的資訊。

投資分析的做法其實一模一樣。

有些人聽了可能會想：「每家公司的網站都長得差不多，刊登的資訊不是也隨便都找得到嗎？」

絕對沒這回事。官方網站在現代可謂「企業的門面」，處處都顯示出該企業的特色。有些企業的網站乍看之下光鮮亮麗，卻看不出它們到底是做什麼的。偶爾也會看見一些設計很簡單的網站，完全感受不到企業的幹勁與熱情。有些網站資訊鉅細靡遺，也有些網站配置複雜，根本就不知道該上哪裡找什麼資訊。

最近不少新創企業架設的網站感覺都很用心。這些網站充滿玩心與活力，簡單明瞭，看到這種官方網站，心情也會雀躍起來。只要觀察官方網站，就能清楚看出一家企業的「性格」。光這點就已經是十分貴重的資訊了。

蒐集資訊的管道俯拾皆是

最近除了官方網站之外，也能搜尋到各種企業評論的網頁。雖然其中不乏惡意中傷，但也能查到員工或前員工對於公司產品或服務的使用心得和評價。這些資訊只有直接接觸該企業的人才可能獲得，所以千萬別放過。

網路上還能查到許多董事長或公司重要人物的演講或採訪報導。以前只有報名演講或購買特定雜誌才能獲得這些內容，但現在我們已經多了不少間接獲得的管道。

除此之外，也有些公司的董事長會將自己的理念寫成書籍出版。就算跳脫網路，也還有親自前往服務窗口的方法。當面接觸該公司的員工，體驗他們的商品、服務，這些行動絕對不是白費工夫。員工對自己公司的看法可是珍貴無比的資訊。又假如你認識對某公司產品、服務相當熟悉的人，也可以詢問對方的感想。

積極主動一點，自然能獲得更豐富的公司資訊。

不重視IR資訊的企業可以直接出局！

言歸正傳。從投資人的角度去了解一家企業的資訊時，最重要的仍是查閱該企業的官方網站，尤其應優先點開ＩＲ的頁面。平常大家講順口的這個ＩＲ，意思是「投資人關係」，也就是「供投資人參考的資訊」，因此這部分的內容很重要。我們可以從企業公開的ＩＲ資訊中掌握他們最近的業績和財務資訊。

但也有些企業只寫了一行字：「ＩＲ資訊已更新」，點開連結後，只出現新聞稿用的簡略財務資訊，而非正式財報，簡直教人失望透頂。雖然我們現在也能透過證券帳戶找到上市企業的詳細資訊，但應該重視投資人的上市企業對於ＩＲ頁面卻這麼敷衍，態度並不可取。

其他頁面也是。若官方網站上的資訊含糊，看不出公司希望提供投資人、顧客、社會哪些價值，這家公司恐怕得大大扣分。

確認ＩＲ資訊後，接著要了解公司主要的業務內容，並檢視企業理念、回饋社會活動等其他面向。每個人在意的方面可能都不一樣，建議先訂立自己的檢視重點，比方說，有沒有自己喜歡的產品或服務、是否積極響應減塑議題、有無女性董事……即便你只是從自己平常關注的議題來檢視，看你對那家公司有沒有共鳴、會不會想支持它們，也能獲得不少參考。

我個人除了ＩＲ資訊，也經常關注徵才資訊，但當然是以一名投資人的眼光。大量徵才，顯示公司發展順利。另外，從照片裡在職員工的表情、經驗分享，也能多少感受到這家公司的氛圍。
最近也有愈來愈多企業選擇拍影片分享各類資訊。雖然影片的形式，有可能過度著重視覺與聽覺，埋沒資訊的本質，但也能獲得文字資訊所看不到的感觸，像是董事長給人的感覺、氣勢、自信或擔憂，還有員工的神情。
但是有一點要特別注意。前面也說過，如果已經蒐集了該公司各個面向的資訊，卻還是無法理解它們的業務內容時，就應該排除在投資名單之外。投資不了解的東西，是造成風險的主要原因。就好像對小麥過敏的人不會去吃麵包，因爲他們知道麵包的麵粉是小麥做的。如果他們在不知情的狀況下吃了麵包，事情就嚴重了。不清楚、不了解，就是投資時最大的風險。

POINT

先上官方網站，觀察一下企業的「性格」。

心法 39

股票投資分析基礎❷

質化分析的關鍵在於經營者的「決心」

什麼樣的人，傳遞了什麼樣的資訊

篩選出候補名單後，接著要進入正式分析企業的環節。前面說過，股票分析又分成可用數字衡量的「量化分析」和不可用數字衡量的「質化分析」。下一章會講解如何進行量化分析，主要是利用「財務三表」，也就是企業的年度會計報告。這裡，我們先講解質化分析。

質化分析沒有數字可以參考，因此相較於量化分析複雜許多，各路專家也都有自己的一套做法。而且我們幾乎不可能斷言什麼方法是對的、什麼方法是錯的。

所以這裡我舉一個在做質化分析時任何人都能辦到的大重點，即針對篩選條件之一的「企業領導人的分析方法」進行說明。

具體來說，我們的目標是了解該企業領導人是什麼樣的人、擁有什麼樣的志向或理念、走過什麼樣的創業路、抱著什麼樣的想法在經營公司、未來有什麼目標……等。企業官網大多會有一頁是「董事長的話」，刊登董事長的照片與他想說的話。我們就先從這個地方看起。

有些網站只會在公司概況頁面的董事一覽表中看到董事長的名字，這實在令人不敢恭維。身爲上市企業的董事長，有責任向廣大投資人介紹自己的公司。尤其起步不久的新創企業，更需要說服投資人成爲股東，否則前景堪憂。

基於同樣的理由，我認爲觀察董事長的照片也相當重要。俗話說「外表決定了第一印象的八成」，即便只是一張中規中矩的官方形象照，也能從「面容」上看出對方有沒有想將事業做大的決心和熱忱。很多企業官網還會放上公司的內部刊物和新聞影片，各位不妨好好觀察董事長不經意流露的笑容和平常的說話方式，還有面對員工時的言行舉止。我在上一篇也提過，影片能讓我們較眞實地接收到這類資訊。

觀察董事長的「決心」

我建議，在觀察董事長時，可以將重點擺在「他有沒有決心」。講決心聽起來有點誇張，但其實就是董事長想讓公司成長到什麼地步的野心。

有些董事長希望公司能成長到市值一兆日元，但也有不少人覺得數百億日元就夠了，沒必要把事業做得這麼大。畢竟公司市值達到兩百億日元，也算是充分的名利雙收，所以不少人便滿足於此。

而且，一家公司如果只經營單一項生意，再怎麼努力，也頂多做到兩百億日元，想要突破的話，就必須想辦法廣闢財源。而我說的決心，就是董事長有沒有做到這種程度的渴望。如果一家公司的董事長敢公開表示「我要把事業做大」，想當然他具備相當的決心與野心。正常來講，董事長也有家人、有自己的人生，如果他大放厥詞卻毫無行動，恐將淪爲親朋好友眼中的「騙子」。

關於這方面，像是日本電產的董事長永守重信，還有軟銀集團總裁孫正義，對於經營事業就懷著鴻鵠大志。當然，背負風險嘗試新事物最後也有可能失敗。這時很多投資人會選擇賣出股票，造成公司股價下跌。但如果你相信經營者的決心，這反倒是一個買進的好機會，端看你怎麼判斷了。

但難保其中不會有「畫大餅」或「詐騙」的人，所以一定要仔細翻查他過去的言論和事蹟，檢驗他是不是一個言出必行的人。

孫正義的演說能力與軟銀集團股價的關聯

重點是，我們能否感受到董事長對公司的愛情、對事業的熱情。雖然質化分析也不是光憑印象評斷，但這一點的確很重要。董事長若缺乏個人魅力，就難以吸引投資人出資，這也是人之常情。而當你提不起勁時，最好也別出手。

在這方便的時代，只要上網搜尋董事長的名字，就能輕鬆找到相關報導、雜誌訪談、上節目的片段和演說。年輕的新創企業董事長還會經常使用推特、臉書、ＩＧ等社群媒體發布訊息。這些企業官網之外的資訊也最好勤加蒐集。

從軟銀集團總裁孫正義的身上，就能看出企業領導人發布資訊的能力有多麼重要。孫正義的演說能力人盡皆知，許多追隨者對他的崇拜近乎信仰，無論外頭流傳什麼樣的負面消息，只要孫正義本人親自闢謠，軟銀集團的股價幾乎都能立刻轉漲。即便沒有止跌，最後也不會跌太多，簡直堪比神話。雖然實際狀況是眞是假，難以定論就是了……

當然，企業領導人掌握大權也不全然是件好事。董事長的才幹，決定了企業未來如何發展。權力集中的最大好處就是決策速度很快，但只要走錯一步，就有可能淪爲董事長專橫、失控的局面。這也是獨裁經營模式最大的缺點。所以我們應該從更多角度來調查、洞悉董事長的人品。

質化分析的基礎，就是用盡各種管道蒐集資訊，想辦法掌握比別人更多的情報。這些努力都能幫助你投資成功。

POINT

經營者的志氣和決心，決定了一家公司的器量！

心法 40

股票投資分析基礎 3

量化分析必讀的財務三表

財務三表是基礎

結束了質化分析之後，接著要做量化分析。在這個階段，我們要檢視企業的財務資訊。打算投資股票或已經在投資股票的人，應具備判讀一家企業財務狀況的能力。

「財務報表」爲記錄財務資訊的文件，其中有三份報表特別重要：

①**資產負債表**

②**損益表**

③ **現金流量表**

這三份報表合稱「財務三表」，上市公司有義務於財務報告中揭示。財務三表是衡量企業經營狀況與未來潛力最重要的基準，若不了解報表上的數字有什麼意涵，便無法分析企業的財務狀況。以下依序簡要說明這三份報表的意義。

資產負債表＝明示企業資產與負債的「健檢報告」

「資產負債表」爲整理、列示企業持有之各項資產與負債的表單，可以清楚看出該企業截至該季末的財務狀況。換言之，是一張以數字構成的企業健檢報告。

請見下頁的簡易範例。資產負債表的左欄代表「借方」，右欄代表「貸方」（不必死記名稱，稱呼左邊、右邊亦可）。「資產」記於借方欄位，爲企

資產負債表

（__年__月__日）

（單位：元）

資產	金額	負債及權益	金額
流動資產	×××	**流動負債**	×××
現金及約當現金	×××	應付帳款	×××
應收票據	×××	短期借款	×××
應收帳款	×××	其他應付款	×××
存貨	×××	應付費用	×××
原料	×××	應付營業稅	×××
預付款項	×××	代收款	×××
遞延所得稅資產	×××	應付薪資及獎金	×××
其他應收款	×××	保固負債準備	×××
其他流動資產	×××	其他流動負債	×××
備抵呆帳	×××		
		非流動負債	×××
非流動資產	×××	淨確定福利負債	×××
有形資產	×××	遞延所得稅負債	×××
不動產	×××	其他非流動負債	
廠房	×××		
機具及設備	×××	**負債總計**	×××
運輸設備	×××		
辦公設備	×××	**股本**	×××
未完工程及預付設備款	×××	**普通股股本**	×××
		資本公積	×××
無形資產	×××	資本公積	×××
使用權資產	×××	其他資本公積	×××
電腦軟體	×××		
其他無形資產	×××	**保留盈餘**	×××
		特別保留盈餘	×××
投資與其他資產	×××	未分配盈餘	×××
採用權益法之投資	×××		×××
股票—關係人	×××	**庫藏股**	×××
其他應收款—關係人	×××		
長期預付款項	×××	**其他權益**	×××
其他非流動資產	×××	透過損益按公允價值衡量之金融資產	×××
備抵呆帳	×××		
		權益總計	×××
資產總計	×××	**負債及權益總計**	×××

業所持有之總資產，並分成流動資產（現金、銀行存款等）、非流動資產（土地、建築物、設備等）。貸方欄位則分成上下欄，上欄為「負債」，下欄為「權益」，各項皆有標記明確的數字。負債包含銀行借款、發行公司債籌得的資金，權益則包含股本、保留盈餘等。簡言之，負債為應償還的錢，權益為無須償還的錢。

資產負債表上務必關注一點，即「負債的金額」。雖然負債的內容多半是企業為了經營而借貸、籌措的款項，因此負債多，不代表財務狀況差；但假如負債金額多得不自然，投資人可以視為一種警訊。

補充一點，資產負債表的本意雖為盈餘明細，不過其特別之處在於借方與貸方的總額絕對會一模一樣，連一分的誤差都不會有，各位可以記住這一點。

損益表＝明記企業收入與支出的「記帳本」

接著介紹「損益表」。表如其名，損益表記載了一個會計年度中所有的收入與支出。可以看出企業一年來的營業額、花費的成本、最後的盈餘數字。換句話說，可以想成公司的記帳本。

請見左頁圖表。損益表由上而下列出了五項收入，分別是「營業毛利」「營業淨利」「繼續營業單位稅前淨利」「稅前淨利」「本期淨利」。依序檢視各項收益數字，就能掌握企業的詳細經營狀況。我用最簡單的方式解釋：

「營業毛利」指一年下來的營業收入減去營業成本的毛利潤。

「營業淨利」則是營業活動的收益，爲營業毛利減去營業費用（銷售及管理、總務費用）後的金額。

「繼續營業單位稅前淨利」是營業淨利加上股息之類營業外收入的金額。

「稅前淨利」即繼續營業單位稅前淨利再加入非常態性收益（例如出售資產的收入）之後所得的年總收支數字。

扣除稅金之後，企業最終能留下的金額便是「本期淨利」（最後收益）。

只要了解上述關係，哪個項目賺了多少錢、哪個部分花了多少成本便一目了然。譬如營業收入上升，最終收益卻呈現赤字，也能從報表上找出經營的問題點，比方說某部分有多餘支出，是否金錢管理上有欠嚴謹等等。

損益表

（__年__月__日～__年__月__日）

（單位：元）

項目	金額	
營業收入		×××
營業成本		×××
營業毛利		×××
營業費用		×××
營業淨利		×××
營業外收入		
利息收入	×××	
股利收入	×××	
匯兌利益	×××	
其他營業外收入	×××	×××
營業外支出		
利息費用	×××	
備抵存貨跌價損失	×××	
匯兌損失	×××	
其他營業外支出	×××	×××
繼續營業單位稅前淨利		×××
非常利益		
固定資產處分利得	×××	
前期損益調整	×××	
員工福利費用餘額	×××	
負債準備餘額	×××	
其他營業外收入	×××	×××
非常損失		
前期損益調整	×××	
處分固定資產損失	×××	
備抵呆帳餘額	×××	
其他營業外支出	×××	×××
稅前淨利		×××
營利事業所得稅等稅金	×××	×××
本期稅後淨利		×××

不過，有時企業爲求成長而投入龐大資金，也會出現「良性赤字」，這種情況則可期待未來營業收入提升。因此，損益表也可以視爲「公司的成績單」或「董事長的聯絡簿」。

現金流量表＝將現金活動與手頭現金可視化

最後是「現金流量表」。

「現金流」即現金的流動狀況，顯示一家企業如何用錢，最後手頭的現金增減多少。請見下頁圖表，現金流主要分成三種類型：

①營業活動之現金流量（營業現金流）
②投資活動之現金流量（投資現金流）
③融資（籌資）活動之現金流量（融資現金流）

請各位讀者務必確實理解三種現金流的意義。

「營業現金流」的表現方法有直接法和間接法兩種。

直接法是實際列出各項營業活動中現金的流入與流出，並以總額表示。間接法則是利用損益表的數值調整現金增減。直接法較便於掌握個別項目的現金收入與支出，但缺點是需要調出每一筆主要交易的資料，因此對於公開方（公司）來說，直接法比間接法麻煩了許多。不過無論哪種方法，最後的金額當然都是一樣的。

營業現金流顯示本業相關的現金往來，理想上最好爲正數。不過有些初出茅廬的新創企業還需要一段時間才能實質獲利，所以營業現金流經常呈現負數。如果是這種情況，請翻查他們過去三至五年的營業現金流，確認負數金額大小的變化趨勢。如果逐漸下降，代表可以期待他們不久後轉虧爲盈。

「投資現金流」則可看出企業有無投資行爲。有些追求快速成長的新創企業和長期積極進行大型投資的大企業，投資現金流經常會是負數。反過來說，如果投資現金流爲正數，等於有現金進入公司。可能原因如廠房舊址售出、其他公司的持股轉讓出去、資產變現等等。

現金流量表（直接法）

營業活動之現金流量：		
營業收入	×××	直接法
對供應商之付現	－×××	
支付薪資及獎金	－×××	
其他	－×××	
小計	×××	
收取之股利	×××	
支付之利息	－×××	
損害賠償金	－×××	
支付所得稅	－×××	
營業活動之淨現金流入	×××	
投資活動之現金流量：		
取得透過損益按公允價值衡量之金融資產	－×××	
處分透過損益按公允價值衡量之金融資產價款	×××	
取得不動產、廠房與設備	－×××	
處分不動產、廠房與設備價款	×××	
取得透過其他綜合損益按公允價值衡量之金融資產	－×××	
處分透過其他綜合損益按公允價值衡量之金融資產價款	×××	
存出保證金增加	－×××	
存出保證金減少	×××	
投資活動之淨現金流入	×××	
融資活動之現金流量：		
短期借款增加	×××	
償還短期借款	－×××	
長期借款增加	×××	
償還長期借款	－×××	
發行公司債	×××	
償還公司債	－×××	
發行新股	×××	
庫藏股買回	－×××	
支付現金股利	－×××	
融資活動之淨現金流入	×××	
現金及約當現金淨增加（減少）數	×××	
年初現金及約當現金餘額	×××	
年底現金及約當現金餘額	×××	

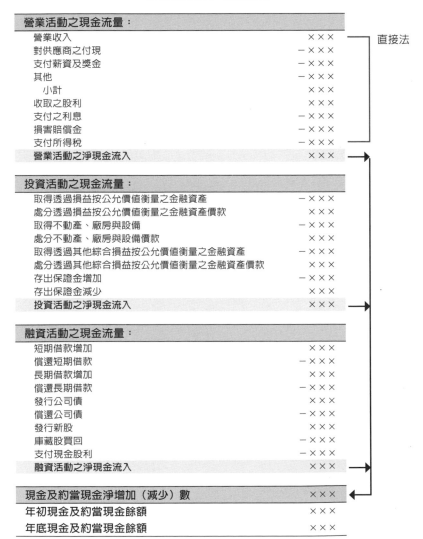

現金流量表（間接法）

營業活動之現金流量：	
稅前淨利	×××
折舊費用	×××
備抵呆帳	×××
利息收入	−×××
利息費用	×××
處分有形資產淨損	−×××
應收帳款增（減）	−×××
存貨（增）減	×××
應付帳款（增）減	−×××
小計	×××
收取之利息	×××
支付之利息	−×××
支付所得稅	−×××
營業產生之淨現金流入	×××
投資活動之現金流量：	
取得透過損益按公允價值衡量之金融資產	−×××
處分透過損益按公允價值衡量之金融資產價款	×××
取得不動產、廠房與設備	−×××
處分不動產、廠房與設備價款	×××
取得透過其他綜合損益按公允價值衡量之金融資產	−×××
處分透過其他綜合損益按公允價值衡量之金融資產價款	×××
存出保證金增加	−×××
存出保證金減少	×××
投資活動之淨現金流入	×××
融資活動之現金流量：	
短期借款增加	×××
償還短期借款	−×××
長期借款增加	×××
償還長期借款	−×××
發行公司債	×××
償還公司債	−×××
發行新股	×××
庫藏股買回	−×××
支付現金股利	−×××
融資活動之淨現金流入	×××
現金及約當現金淨增加（減少）數	×××
年初現金及約當現金餘額	×××
年底現金及約當現金餘額	×××

（稅前淨利至支付所得稅：間接法）

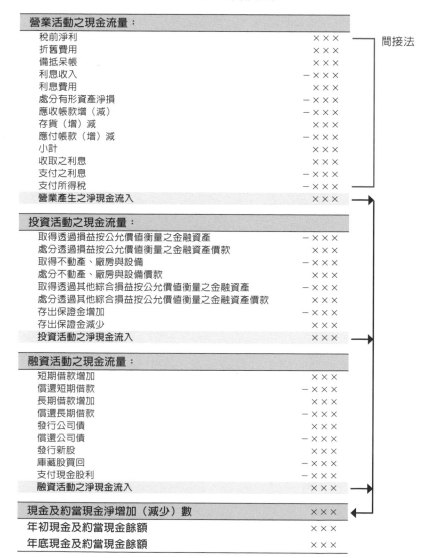

至於「融資現金流」的部分，向銀行借款或舉債後有現金入帳時即爲正數，支付、償還行爲則爲負數。我們可以從這一塊看出公司償還了多少借款、現金不足時如何周轉發配股息。

只要看現金流量表，就能清楚知道該企業最近的資金流動、現金出入狀況。讀者可能也聽過「黑字倒閉」一詞，明明從損益表來看公司是獲利的，卻因爲手頭沒有現金或現金不足而倒閉。例如無法回收應收帳款或其他原因，導致現金流入停滯，資金周轉不靈，就有可能導致公司黑字倒閉。看似賺錢、手上卻無現金可用的公司也不是完全沒有。

企業規模再大，手頭沒有足夠現金也無法運作。近年的財務分析有愈來愈重視現金流量表的傾向，希望各位別再誤信「只要看損益表和資產負債表就好」的過時觀念，好好學習如何閱讀財務報表。

財務報告只是最基本的資訊

對投資新手來說，閱讀財務三表或許稍嫌吃力。然而，這三份報表是我們量化分析一家公司的現況不可或缺的重要工具。一開始，只要能像前述內容一樣概略掌握財務三表的意義即可。知與不知之間可是天差地別，習慣之後，你自然就有辦法抓出報表上的重點了。因此，我們先從習慣閱讀財務三表開始。

也請各位銘記，財務報告只是我們了解一家公司狀態好壞最基本的資訊。因爲人總愛偷懶，很容易產生「只要看懂技術指標就好」或「只要讀過財務報告就沒問題了」之類的偏安思維。如果光這樣就能投資成功，那現在應該人人都是大富翁才對。這些知識對於投資成功的人來說只是基本，他們還會繼續學習更深入的知識，並摸索自己的投資之道。

POINT

財務三表可以看出一家公司的「健康狀態」「收益狀況」「金錢流向」。

心法 41

股票投資分析實例

試著篩選投資標的！

前面說明了篩選投資標的的方法與兩種股票投資分析方式，分別是量化分析與質化分析。接下來，我會以實際上市的企業爲例題，實際示範分析過程，作爲總整理。我舉的例子是在東證 Mothers 掛牌的新創企業 Ligua（代碼：七〇九〇）。

容我再次重申，本書目的並非推薦讀者購買特定股票，我以該公司爲例，並不代表其股價未來會上漲或下跌，亦不表示我建議各位買或不買。若要問我爲何舉這家公司作爲例子，只是因爲方便我解釋股票投資分析的流程，而且是以長期投資爲前提。還望各位讀者與 Ligua 的諸位關係人士諒解。

先確認是否合乎篩選條件

我們就正式開始練習吧。首先，根據 Ligua 官網上的資訊簡略介紹一下這家公司。

Ligua 是一家提供解決方案的企業，主要提供整復所解決方案與相關金融服務。成立於二〇〇四年，二〇二〇年三月十三日於東證 Mothers 上市。二〇二〇年三月底的財報資料顯示營業額爲二十一億七千萬日元（較去年成長一九．八％），稅後淨利爲一億四千萬日元（較去年成長三〇〇．九九％）。二〇二一年四月二十七日的股價爲三千三百二十五日元，市值爲四十六億兩千五百萬日元，規模還很小。董事長川瀨紀彥就是公司創辦人，持有公司三八．六六％的股票，所以握有經營實權。

根據以上資訊，我們可以判斷 Ligua 符合篩選條件。稍微補充一下，董事長的持股比例至少要有二五％，理想上，最好超過三〇％。如果其他董事或合夥人也是一起的創業夥伴，只要合計持股比例超過三〇％也可視爲符合條件。

初步調查一家企業時，也建議確認公司的監察人和主要合作銀行等背景資訊。他們委託何處的監察人查核財報、和哪間銀行往來密切，這些都是判斷該公司信用的基準。

多看幾個網站與社群媒體，調查董事長說的話

接著進入投資分析的環節。首先點開公司的官方網站，我說過，官方網站會透露一家公司的特徵，網站資訊清不清楚、設計是否重視顧客與投資人，這些偏重個人感受和喜好的判斷也是確認的重點。

質化分析的第一步是調查董事長的言論，首先要看「董事長的話」。以Ligua爲例，可以看到川瀨董事長的問題意識、創業動機、經營理念、經營方針、企業使命、目標，個人簡介也搭配一張清楚的個人照。

接著，我們在搜尋引擎中輸入他的名字，查詢其他網站上的資訊，結果跳出了許多報導，他自己也會在推特上發文。這類報導或資訊通常可以看到官方網站上看不見的眞心話，還有生動的創業甘苦談，所以最好詳實調查。

接下來，我們要看事業內容，確認是否具備潛力或你夠不夠了解。「提供整復所解決方案」乍聽之下不明所以，看了說明才知道是以整復所爲對象的顧問公司，協助解決各項業務上的問題。也知道他們是爲因應社會高齡化，以及民眾健康意識持續升高，才推出健康醫療方面的B2B服務。根據官方網站上的說明，日本國內有超過五萬家整復所，其中大約有五%已是 Ligua 的顧客。未來的發展有很多可能，或提高市占率，或冒出其他對手而展開激烈競爭。至於怎麼判斷，全仰賴你自己的分析能力。

再來進行量化分析。查看財務三表之前，要先確認最基本的財務資訊，也就是營業額和淨利的變化趨勢。這裡補充說明一項前面沒提到的確認重點——營業額與市值的比較。若一家公司的市值遠超乎當期營業額數字反映的水準，代表市場對它的期待已經高漲。因此理想上，營業額最好落在市值一到五倍的範圍。

接著終於要進入財務三表了。根據 Ligua 二〇二〇年三月公開的財務報告，三表的特徵分別爲：

「資產負債表」上可見現金等資產增加、整體資產增加。權益成長幅度大、負債比率較去年減少。

「損益表」上可見稅後淨利明顯增加。

「現金流量表」上可見本業已開始賺錢，同時公司也積極投資，借款操作槓桿……

我應該說明得更詳細一些，但再說下去恐有勸購或勸退的嫌疑，所以其餘細節就留給各位憑藉自己所學，挑戰分析出自己的結論。

新創企業等小型股容易受投資人心理影響而動盪

最後我要提醒各位，投資新創企業股票時有一點應特別注意。

由於股價高低是受投資人的期待程度所控制，所以新創企業的股價漲跌幅度有時會很劇烈。一方面也是因為它們發行的股數比較少，所以當投資人過度期待或過度冷感時，難免造成較大的起伏。這個狀況不只會發生在新創企業，只要是小型股，就有可能捲入投機性交易戰的風暴。所以各位在投資這類成長可期的股票時，也千萬別忘了背後存在一定的風險。

以上就是股票投資分析大致的流程。投資時，一定要針對每一支股票勤做分析，至少一個季度做一次。一開始可能會覺得很辛苦，但如果在這個步驟偷懶，想增加資產，也只是癡人說夢。投資和勞動一樣，要怎麼收穫先怎麼栽。這我在前面已經提過，後面也會反覆叮嚀。請先養成「習慣」，盯著數字，腳踏實地、按部就班地進行分析！

POINT

多加練習股票投資分析，自然會培養出「敏銳度」！

心法42 想增加資產，善用記帳和生涯規畫表

金錢動向必須具體化

追根究柢，企業爲何要編製財務報表？

答案是爲了成長。企業在經營事業時，需訂立經營計畫，打出各種戰略，同時顧及收支平衡，並加以改善。然後再投資事業，繼續改善……不斷進行以上PDCA❶循環，企業才能逐漸茁壯。而成長的結果，會反映在市值上。

因此，企業必須掌握金錢的出入狀況，記錄在帳本上，妥善管理，以節省不必要的浪費，並積極投資事業。這是企業邁向成長的必要之舉，小看這些舉動的企業也沒有未來可言。

常有中小企業的老闆明明自己金錢管理不嚴謹，卻只會抱怨「景氣差，賺不到錢」。但我認爲，公司賺不到錢，不全然是景氣的問題，在抱怨之前應該還有事情可以做。

只要重新檢視公司的會計狀況，應該就能找出賺不了錢的眞正原因，搞不好還可以讓原本不賺錢的生意轉虧爲盈。

其實個人的金錢管理也是同樣的道理。

透過記帳，了解自己每天的收支很重要，如果入不敷出，就是赤字。換作企業會計，這樣的情況也會如實記述在損益表上。所以企業是透過財務三表，從各種角度讓金錢的動向「看得見」。

❶ PDCA：按照規畫（Plan）、執行（Do）、查核（Check）與行動（Act）的步驟與循環進行目標管理。

萬事記帳起，尤其是家計資產負債表

我也強力建議各位編製「個人版財務三表」。這算是你開始投資前應該做的重要前置作業。

不過在此之前，還有一件更應該做的事，就是記帳。首先明確記下自己使用金錢的狀況，並且每年做一次總整理，建構自己的生涯規畫表。

如果你覺得「記帳有夠麻煩」，請回想我一再強調的：你揮灑多少汗水、付出多少努力，最後就會得到多少回報！記帳是個人理財的第一步，非常重要。習慣記帳之後，自然就不會覺得辛苦，每天只要花個五到十分鐘就可以搞定，所以大家先養成記帳的習慣吧。最近也有很多用手機也能輕鬆記帳的APP，各位不妨多多嘗試。

這裡我要提醒各位一件最重要的事情：記帳時，務必抱著編製資產負債表的心態。

我接下來會講解「生涯規畫表」，這是記帳的進一步應用。大多數人記帳的重點較偏向掌握生活資金，所以通常很在意最後是否透支。然而，投資時最重要的是資產負債表。該在乎的不是收支結果，而是最終資產是否增加。請各位千萬別忘記，這才是投資人記帳時的大前提。

利用「人生大事表」，檢視未來重要活動與預估支出

管理個人財務，也應像管理企業財務一樣。確實掌握自己與家人的財務狀況，朝著未來的目標不斷改善。個人版財務三表，我們理財規畫師稱之爲「生涯規畫表」，相當於幫助自己邁向夢想和目標的藍圖，也可視爲個人資產的設計圖。

我參與的非營利組織日本理財規畫協會有免費提供生涯規畫表，任何人都能上協會官方網站下載、運用。以下我會以這份表格來講解如何編寫與使用生涯規畫表。

第一張表格爲「家計收支紀錄表」，也就是你家的損益表。製作這張表的意義在於掌握家庭收支平衡，還能從中看出自己的「存錢能力」。只要觀察一

年下來的收支，就能一眼看出你的財務狀況是黑字或赤字，甚至程度多少。

第二張是「家計資產負債表」。概念如同企業的資產負債表，記錄了家庭的資產與負債狀況，幫助我們了解家庭財務狀況的「健全度」。我們可以參照企業資產負債表的編製方式，用儲蓄、住宅（個人名下）等資產，減去房貸、車貸等負債，計算自己的淨資產（權益）。計算出來的結果即眞正的「個人現有資產」。

第三張是「人生大事表」。這張表就和企業財務的狀況不太一樣，記錄方式如範例，將未來幾年後會發生什麼人生大事、預計花費依序塡入表格。這張表可比喻成企業的長期經營計畫，表中包含生產、孩子入學與升學、結婚、購車、買房……堪稱家庭的「未來藍圖」，所以請盡可能寫得詳細一點。

最後一張則是「家計現金流量表」。這張表的特徵在於放眼二十、三十年後的未來，寫下每一年的預估收支狀況，分析依現在的狀況有沒有希望實現夢想或目標，或者家庭開銷會不會入不敷出。這張表需要每年更新一次。

總之，先從記帳開始，接著製作生涯規畫表並定期檢視，必要時再調整理財方式。

圖表1　家計收支紀錄表（範本）

● 年收入

收入金額			所得稅		社會保險		住民稅		年淨收入（可支配所得）
夫	萬元	－（	萬元	＋	萬元	＋	萬元	）＝	萬元
妻	萬元		萬元		萬元		萬元		萬元
							年收入總計 A		萬元

重點

如何確認淨收入（可支配所得）

若為上班族，收入即為薪水與獎金。若為自營業者，收入則為營利。淨收入即各位的收入中能實際運用的部分，也就是「可處分所得」。

● 年支出

支出項目	內容	每月固定支出❶	每年幾次的固定支出❷	年總支出❶×12＋❷
基本生活開支	餐費、水電費、電話費、日用品雜支、興趣娛樂費等	萬元	萬元	萬元
居住相關開支	房貸、管理費、預留款、固定資產稅等	萬元	萬元	萬元
車輛費	車位租費、油錢、牌照稅等	萬元	萬元	萬元
教育費	學費、補習費、才藝費等	萬元	萬元	萬元
保險費	全家大小的保費	萬元	萬元	萬元
其他開支	休閒活動費、應酬費、婚喪喜慶費用等	萬元	萬元	萬元
			年支出總計 B	萬元
			1年能存下來的錢 A－B	萬元

資料來源：https://www.jafp.or.jp/know/fp/sheet/

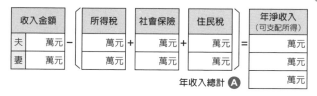

圖表2　家計資產負債表（範本）

資產	
現金	萬元
活存等	萬元
定存	萬元
儲蓄型保險	萬元
股票	萬元
債券	萬元
基金	萬元
其他 投資商品	萬元
住宅 （市場現值）	萬元
其他	萬元
資產合計A	萬元

負債	
房貸	萬元
車貸	萬元
卡債	萬元
學貸	萬元
其他	萬元
負債合計 B	萬元

資產合計 A －負債合計 B＝淨資產	萬元

資料來源：https://www.jafp.or.jp/know/fp/sheet/

重點

以資產、負債的觀點計算

提到資產，許多人往往只會想到現金、存款、股票與其他有價證券，不過，家庭資產還有許多種類。至於負債方面，也容易忽略助學貸款等隱藏債務。

資產和負債的差才是真正意義上的資產，也就是「淨資產」。若家庭的年收支狀況看似健康，淨資產卻減少，代表該設法從高利率負債開始刪減負債了。

圖表3　人生大事表（範本）

年	家人的年齡					人生大事	所需花費
	夫	妻	長子	次子	長女		
2014	35	32	5	3	0		
2015	36	33	6	4	1	次子 上幼稚園	入園費 5萬日元
2016	37	34	7	5	2	長子 上小學	入學費 8萬日元

資料來源：https://www.jafp.or.jp/know/fp/sheet/

重點

列出全家人的夢想和目標

寫下目前可預期的所有預定事項和目標，明確記下發生時間、預期花費，但也不需要太精準。將想法整理成看得見的形式，也有助於我們具體想像未來情景。

圖表4　家計現金流量表（範本）

填入現在年齡

年	年	年	年	年	年	年	年	年
經過年數	現在	1年後	2年後	3年後	4年後	5年後	6年後	7年後
丈夫的年齡	38	39	40	41	42	43	44	45
妻子的年齡	35	36	37	38	39	40	41	42
長子的年齡	5	6	7	8	9	10	11	12
次子的年齡	3	4	5	6	7	8	9	10
長女的年齡	0	1	2	3	4	5	6	7
人生大事			長子上小學		次子上小學	換新車妻子減少兼職排班		丈夫升遷
丈夫的收入	550	550	550	550	550	550	550	610
妻子的收入	110	110	110	110	110	90	90	90
臨時收入								
收入合計 A	660	660	660	660	660	640	640	700
基本生活開支	200	200	200	200	200	200	200	200
居住相關開支	175	175	175	175	175	175	175	175
車輛費	34	34	34	34	34	34	34	34
教育費	54	54	54	54	54	54	54	54
保險費	40	40	40	40	40	40	40	40
其他開支	35	35	35	35	35	35	35	35
臨時支出						150		
支出合計 B	538	538	538	538	538	6888	538	538
年收支 A－B	122	122	122	122	122	-48	102	162
儲蓄餘額	122	244	366	488	610	562	664	826

（單位：萬日元）

填入家人的重要活動

「今年的儲蓄餘額＝去年的儲蓄餘額＋今年的年收支」

重要活動支出費用填入此欄

資料來源：https://www.jafp.or.jp/know/fp/sheet/

重點

編列20～30年的分量

沿用家計收支表和人生大事表的資料，編列大約20～30年的分量，直到不再需要支付孩子的學費時，或自己退休時。

此外，夢想和目標都會隨著時間而改變，而生涯規畫也只是計畫，應配合狀況彈性調整。

如此一來，你的資產運用狀況將會煥然一新。準備開始投資的讀者，請想像自己是新創企業的老闆，積極進行「金錢可視化」，並持續增加淨資產吧！

POINT

利用生涯理財規畫表，描繪「資產的未來藍圖」。

心法 43

給新手的投資心得❶

若一生需要五億，那只要賺一億就夠了

感謝各位讀者一路讀到這裡，最後我想稍微談談前面沒有提到的內容，還有希望再次強調的部分，作爲本書總結。以下是我個人整理出的「給新手的投資心得」。第一個心得是「花錢不忘增加資產」。

邊花錢邊投資

想像某個悠閒的假日午後，年輕的你做著白日夢，想要比其他人提早退休，悠哉生活。但這時某個想法瞬間把你拖回現實：「可是仔細一想，我得賺到五億日元才有辦法退休啊！」如果資產多達五億日元，確實在平均壽命之前都能過得好整以暇。但又聽說現在平均壽命上看百歲，於是你發現自己還背負著長壽的「風險」，愈想愈不安。

沒賺到五億日元就無法提早退休嗎？很多人可能覺得事實就是如此，然後雙手一攤直接放棄，但這種想法並不正確。

「勞動→儲蓄→消費→資產減少」是一般人的思維，但這不是個聰明的做法，因爲中間少了「投資」。想到人生路這麼漫長，肯定得加入投資這個項目。如此一來，上述的流程將更改爲：

「勞動→儲蓄→投資→儲蓄增加→消費→因儲蓄持續增加，資產減少幅度趨緩」。

這才是理想的流程。

法國經濟學家托瑪．皮凱提（Thomas Piketty）從實際面研究貧富差距現象並大力針砭。他提出「R＞G」法則，R爲 Returns，即資本報酬率；G爲 Growth，即經濟增長率。簡單來說，他證明了「投資比工作賺取報酬的速度更快」。

既然如此，有投資當然比較好。換句話說，不要存了錢之後白白花掉，花錢的同時也要投資，這樣起碼可以減緩資產減少的速度。雖然投資需要最低限度的本金，但在這個超低利率時代，把錢放在抽屜裡或存在銀行帳戶裡也不會增加。

雖然一生需要五億，但其實只要有一億就能提早退休

這裡我們稍微換個角度來想。

假設一個年收六百萬日元的人打算在四十歲退休，並維持同樣的生活水準到一百歲。那麼退休後的六十年，每年收入應保持六百萬，算下來，總共需要三億六千萬。反過來說，只要有三億六千萬就可以安心退休了。但就是因爲沒有那麼多錢，所以得繼續工作下去。

如果這個人在四十歲之前就已經靠投資累積了一億日元的資產，並將這

一億繼續拿去投資的話，只要平均年報酬率達六％，每年就能創造六百萬日元的收入。

假使不投資，這輩子得靠工作賺五億日元才夠用；但如果有投資的話，我們只要賺一億日元，之後每年就能生出六百萬的收入。所以實際上我們只要賺一億日圓就可以考慮退休，這也是趁年輕開始投資的好處之一。當然，要做到平均年報酬率六％並不容易，中間也有可能碰上暴跌等風險，導致資產比預期更快見底。所以投資計畫應留一點緩衝空間，例如可以將目標改為一億五千萬日元、平均年報酬率七％。

最近這種想法愈來愈流行，甚至悄悄流行起一種「財富自由計算機」，只要輸入實際的數值，就能大致算出自己離退休還有多遠。這在網路上都查得到，大家可以試算看看。這個現象不是只發生在日本，美國的ＦＩＲＥ運動（Financial Independence, Retire Early）也同樣是在形容及早賺取退休所需資金，及早擁抱財務自由。

所以說，只要持續依循「儲蓄→投資」的行動原則，大可不必想什麼「要存到五億日元才能退休」。先存到一億或兩億日元，剩下的部分可以邊花用，邊靠投資填補。以結果來說，這一生累計的財富也能達到五億日元。

聽我這麼說，或許有人會提出質疑：「要存到一億日元也很花時間，到頭來還不是得先有一大筆錢才能投資嗎？」不過這世上有許多大富翁最早都是從小額投資起家，巴菲特就是其中一例。

前陣子我也在《日本經濟新聞》上看到一則例子，一名三十歲出頭的男子高中輟學，一度成了繭居族，後來以打工存下的六十五萬日元爲本金開始投資，現在身價高達一百五十億日元。即便不是人人都賺得到這麼多錢，我還是認爲任何人都有辦法從小額開始，慢慢增加資產。

重要的是「強制儲蓄」並「強制投資」。我自己也是從幾十年前就開始強迫自己投資。就算手上只有零錢也可以開始投資，像樂天證券的基金，最低申購價格只要一百日元。

我強烈建議大家從小就開始投資，如果家中有小孩，也希望可以讓他們嘗試投資。當然前提是家長要好好教導正確的投資意義和方法，並在孩子成年之前妥善管理他們的帳戶。畢竟投資起步的門檻不過一百日元，只要有壓歲錢或零用錢就可以開始。而且從小就開始投資，自然而然會變成長期投資！幾十年後的資產成長幅度將不容小覷。各位也別忘了教導孩子這些投資的樂趣。

養成微不足道的「習慣」

我們將話題拉回各位讀者身上。總之，投資最重要的是自律，金額再小，也要持之以恆。人的意志其實很不堅定，錢包裡有大鈔和只有零錢時，選擇的午餐也會不一樣。有大鈔時，搞不好忍不住就點了最貴的套餐，但只有零錢時，可能就會選擇買便利商店的飯糰果腹。人類就是一種有錢就想花的生物。

而且一直到前一陣子，花錢之前還有一關要過，就是要到銀行臨櫃或ATM領錢，否則也沒得花。現在便利商店也有設置ATM，甚至電子支付也已經普及，所以手上沒有現金也能輕鬆購物。我猜很多人也因此多了一些無端的花費吧。

可是這種時候更需要忍耐。轉個念頭，危機也能化爲轉機。比方說，我們刷信用卡或用手機支付時，一定要養成當場確認明細的習慣。這麼一來，如果花了太多錢，自己也會有所警覺。

言歸正傳，其實不需要大筆資金也能提早退休，只需要一定程度的本金，以及讓這筆本金成長的金融知識。各位也從今天開始努力存錢，將存下來的錢拿來投資吧！

POINT

增加資產的訣竅在於「強制儲蓄」和「強制投資」。

心法44

給新手的投資心得 2

錢不會平白無故增加

再次重申，貪圖輕鬆的投資人不可能永遠成功

很多人覺得投資只是「用錢滾錢」，但這個想法大錯特錯。金錢根本不可能無端生出金錢。如果你還有這種想法，請立刻改掉。

我一而再、再而三提醒各位，投資絕非輕鬆寫意的賺錢方法，一定要吃得了苦，耐得了勞。聽我如此苦口婆心，想必有人會說：「看樣子投資真的很難。」話也不是這麼說。

讓我們再複習一次股票投資分析最初的篩選功課。

舉個例子，假設我要研究並分析札幌證券交易所 Ambitious 市場的 RIZAP

集團，公司主要是經營私人健身中心。（容我再次聲明，這僅是舉例，並不是推薦。）

一般來說，投資人會調查該公司的官方網站，蒐集報章雜誌與各大網站的資訊，分析其事業內容與財務狀況，再判斷是否投資。以上循規蹈矩的手段確實很重要，我前面也說明過具體的做法。

但其實還有一項更深入的分析方法，就是親自體驗他們的教練課程。光是這樣還不夠，還要去體驗其他大型健身中心等競爭對手的教練課程，整理出每一家的優劣。這麼做可以發現只靠財務分析所無法獲得的實際資訊，例如哪個部分比其他競爭對手更有特色、教練的能力和教學品質、交通位置、設備、收費方式等。

這些資訊對投資人來說都是非常大的優勢。因爲你比別人多辛苦一點，就一定能獲得更多資訊。在投資分析上付出的辛勞，終將化爲利益。別光仰賴文字資訊和他人口中的消息，鼓勵各位身體力行、動腦思考，自己對自己的投資結果負責！

本書談及新創企業的投資市場時，焦點都放在東證 Mothers，但其實札證

Ambitious 等地方證券交易所的新興市場裡也有各種產業的新創企業，只是數量並不多。有興趣的讀者可以了解一下名古屋證券交易所 Centrex、福岡證券交易所 Q-Board 掛牌的企業。

再說個題外話。日前東京證券交易所公布大規模市場改組計畫，現行的一部、二部、JASDAQ、Mothers 四個市場將整併爲 Prime、Stander、Growth 三個新市場，預計二〇二二年四月正式實施。雖然市場改組並不影響投資股票的做法，但站在散戶的立場，我認爲觀察目前上市的股票之後被歸類在哪個市場也會影響投資策略，所以希望各位還是多少關注一下。

投資之道無捷徑，千萬不能走歪路！

言歸正傳。

我在〈心法 5〉和〈心法 9〉中強調「投資和勞動一樣」。勞動的報酬（薪水和獎金）是你辛苦工作的回報。工作不努力，薪水就不會提升，一個不好，還可能遭到資遺。投資的報酬（股利和資本利得）一樣只有勤奮投資的人才能獲得。

然而，努力的方法不對也沒意義，重要的是學習正確的努力方式。對投資人來說，怎麼樣努力才正確？第一，培養知識，獲取所需資訊。第二，以知識爲基礎，運用自己的腦袋和身體，比別人揮灑更多汗水。畢竟，沒有基礎，就談不上運用。

投資圈如今也走向科技化，自動交易系統推陳出新，文案也寫得響噹噹，好比投資成功率有多少、自動提醒買賣時機，讓你輕鬆賺云云，並且跟用戶收取高額使用費。說穿了，要是眞有辦法靠這種東西獲利，誰還需要辛苦學習？天底下若有自動獲利這回事，基金經理人之類的專業操盤手就沒有存在的意義，日本政府年金投資基金也能高枕無憂了。

然而，眞正的專家絕對不會仰賴這些東西。爲什麼？答案很簡單，因爲靠不住，也一點意義都沒有。用這種東西投資根本是邪門歪道，自己努力才是投資的不二法門。投資沒有捷徑，唯有自己付出努力，才能創造財富。

POINT

投資沒有輕鬆獲利這回事。
付出多少，收穫多少。

心法45 給新手的投資心得❸ 投資才是終極節稅妙方

你會怎麼運用有限的時間與精力

雖然有點突然，不過我想問你對於節稅有沒有興趣？感覺你會罵我：「這不是廢話嗎！」這世上哪個人會對節稅沒有興趣？我也不例外。只要是人，都不希望自己辛辛苦苦賺來的血汗錢白白減少，或是被稅吃掉。

也因此，書店裡有許多教人節稅技巧的書籍。報稅季節一到，眾人也無不使盡渾身解數節稅，一下子利用壽險的免稅額，一下子利用個人年金保險單遞延所得稅，又或是利用每年限定免納贈與稅額。

當然，能省則省，但過度熱中節稅就有問題了。有些節稅技巧搞不好會害自己掉入「節稅的陷阱」！請各位冷靜思考一下，假設你拚命蒐集收據，減少了幾萬或幾千日元的課稅所得額，也頂多少繳幾千、幾百日元的所得稅。你付出這麼多心力只省下這麼一點錢，根本就「不划算」。比方說，爲了醫藥費減免，一點點輕微的症狀也跑去看醫生，到頭來不但浪費了時間與精力，萬一不小心因此感染重病，害自己收入大減，那可就笑不出來了。

利用個人年金保險單遞延所得稅的行爲，也只是稍微降低當前的課稅所得額，讓你產生賺到的錯覺。但這充其量只是緩兵之計，你要繳的稅其實根本差不多，差別只在於早繳晚繳。

我也看過有些人爲了節更多稅，買了不需要的保險商品或高級車等高價商品。但這種減少手頭資金的行爲根本是本末倒置。更要不得的是那些沉迷節稅策略而遊走灰色地帶，試圖鑽法律漏洞的人。遊走法律邊緣的危險就在於，即使現在沒事，也可能因爲修法或稅制更改而出事。我無法理解爲什麼有人會爲了節稅鋌而走險。

「消極節稅」與「積極投資」，怎麼做更划得來？

節稅終究是屬於消極防守的資產管理技巧。雖然一次省個幾百日元，幾次下來，也能省出一筆不錯的數目，所以我不會說節稅毫無意義，但各位應該要知道節稅的效果有限。與其爲了蠅頭小利大費周章，不如將寶貴的時間花在更值得的事情上。各位應該聽過「攻擊就是最好的防禦」，而此處的攻擊，當然就是指投資。

以日本的情況來說，假設你投資股票賺了一億日元，你要繳多少稅？如果你用的是會預扣所得稅的交易帳戶，稅率應該是二〇％（所得稅一五％＋住民稅五％）。但如果這筆錢屬於一般工作所得，所得稅加住民稅，就要拿走將近一半的收入。同樣是一億日元，兩種情況最後留下的金錢多寡有如天壤之別。

繳完稅後剩下來的錢才是你可以自由使用的財產。假設拿這筆錢投資指數型基金，過個幾年也能賺回你繳出去的稅額。請各位至少要擁有這點程度的積極心態。

俗話說「量入爲出」，但你該做的並不是節稅防守，而是投資攻擊。大家賺的都是辛苦錢，我眞心希望各位讀者能夠善用寶貴的時間，朝著夢想所在的地方，大步向前。

言盡於此，期許各位讀者也能奔向光明的未來。

POINT

開源才是最大的節流！

後記

由衷感謝所有讀到最後的讀者。全球金融學校的使命就是推廣正確的投資教育，盡可能讓更多人學會正確的投資。

雖然日本在所有先進國家中，經濟成長率奇低，但還是有許多成長力道十足的企業。主要是因爲有愈來愈多企業開始走向國際，進軍海外市場。

但這絕對不代表沒有在國際舞台上發光發熱的企業就沒有投資的價值。也有很多企業只是目前尚在國內發展，但總有一天會走出日本。規模愈小的新創企業，企業價值的成長潛力反而愈大。

像很多人也知道，蘋果的創辦人賈伯斯和另外兩個朋友最早就是從自家車庫發跡，如今發展成全球市值最大的企業。

在日本擁有大量用戶的二手交易平台 Mercari，創業當初每股五百日元、總共發行四萬股，市值僅兩千萬日元。後來他們不斷分割股票，當初每股五百日元的股票曾一度貶值到相當於〇．五日元的程度。不過當他們二〇一八年六月十九日公開發行股票時，一股來到三千日元，等於成長了六千倍。正式上市時的初始股價也有五千日元。之後還進軍海外市場。雖然上市後股價曾一度跌破兩千日元，但二〇二一年再度突破六千四百日元。二〇二一年四月底，Mercari的市值甚至已經超過八千五百億日元了。

休閒服飾連鎖品牌 UNIQLO 背後的迅銷集團最早是從男裝起家，軟銀集團也是從個人電腦用軟體流通業起步。這些大公司當初上市時，也都是股價和市值遠不如今日的小公司。

我相信日本依然潛藏著許多前途無量的企業，未來也會持續誕生。找出這些企業並支持它們，成爲股東，既能刺激經濟，也能增加自己的資產。

當我呼籲大家靠投資增加個人資產時，肯定會有人覺得「自己年事已高」而打退堂鼓。不過巴菲特當年開始投資的本金也只有他十四歲時打工賺的五千美元，現在他的資產超過一千億。乍聽之下，或許會給人「投資還是要趁早」的感覺，但其實他是年過五十歲後，資產才開始急遽增加。當然他在此之前也是努力累積資產，但如果你現在因爲年紀而放棄投資，那就眞的沒希望了。

話雖如此，投資的確愈早開始愈有利。我衷心期盼有更多讀者因爲看了這本書而對投資產生興趣，並在正確的知識背景下實際嘗試投資。

本書提出投資的「四十五個心法」，但這個數字並沒有特別的意涵，只是我在列舉「希望讀者重視」的觀念時，剛好列出了四十五項而已。願本書能觸發各位學習投資、累積經驗的動力，最終找出「屬於自己的投資心法」。

最後，本書得以付梓必須感謝全球金融學校諸位講師、行政人員，還有日經BP的網野一憲編輯，以及大力協助我完成原稿的高嶋健夫先生，與各位給予支持的貴人。在此獻上我由衷的謝意。謝謝你們。

Eurasian Publishing Group
圓神出版事業機構
用心與你對話．視野無限寬廣
先覺出版社
Prophet Press

www.booklife.com.tw reader@mail.eurasian.com.tw

商戰 218

爲什麼他投資一直賺大錢？

全球金融學校的散戶獲利方程式

作　　者／市川雄一郎、全球金融學校
譯　　者／沈俊傑
發 行 人／簡志忠
出 版 者／先覺出版股份有限公司
地　　址／臺北市南京東路四段50號6樓之1
電　　話／（02）2579-6600 · 2579-8800 · 2570-3939
傳　　真／（02）2579-0338 · 2577-3220 · 2570-3636
總 編 輯／陳秋月
資深主編／李宛蓁
責任編輯／劉珈盈
校　　對／劉珈盈 · 林淑鈴
美術編輯／金益健
行銷企畫／陳禹伶 · 黃惟儂
印務統籌／劉鳳剛 · 高榮祥
監　　印／高榮祥
排　　版／陳采淇
經 銷 商／叩應股份有限公司
郵撥帳號／ 18707239
法律顧問／圓神出版事業機構法律顧問　蕭雄淋律師
印　　刷／祥峰印刷廠
2022年3月　初版

定價 350 元　ISBN 978-986-134-409-6　

投資就是一種勞動，和大家平常的工作一樣有辛苦的地方，絕對不是「輕鬆賺錢的方法」。

想要投資成功，勢必得付出相稱的心力，經歷一番辛苦。但你有多辛苦，收穫就有多豐盛！

——市川雄一郎、全球金融學校《為什麼他投資一直賺大錢？》

國家圖書館出版品預行編目資料

為什麼他投資一直賺大錢？：全球金融學校的散戶獲利方程式／市川雄一郎、全球金融學校著；沈俊傑譯. -- 初版. -- 臺北市：先覺出版股份有限公司，2022.03
288 面；14.8 × 20.8公分
譯自：投資で利益を出している人たちが大事にしている45の教え
ISBN 978-986-134-409-6（平裝）
1. 股票投資　2. 理財
563.53　　111000311